ゼロから話せる
インドネシア語

新装版

ホラス由美子

会話
中心

三修社

音声ダウンロード・ストリーミング

①PC・スマートフォンで本書の音声ページにアクセスします。
https://www.sanshusha.co.jp/np/onsei/isbn/9784384060942/
②シリアルコード「06094」を入力。
③音声ダウンロード・ストリーミングをご利用いただけます。

まえがき

インドネシア語は英語と同じアルファベットで表記され、ローマ字表記された日本語を読む要領で発音すれば、ほとんどの単語が概ね正しく発音できるため、初めて習う外国語の中では比較的学習段階の早い時期から会話ができるようになると言われています。また、日本語の抑揚があまり激しくないのと同様に、インドネシア語も平坦な抑揚で話されるため、日本語を母語とする方には話しやすく、また聞き取りやすい言語だと思います。

本書では、会話に重点をおき、インドネシアへ旅行したり、生活する時、あるいは日本に来るインドネシア人観光客などとの会話で遭遇しそうな場面を想定してダイアローグを工夫しました。初めのうちはダイアローグを繰り返し聞き、反復練習をされることをお勧めします。また、その類似・応用表現である「いろいろな表現」では、基本的なフレーズの応用表現を紹介しています。

本書一冊でインドネシア語の大枠はつかめますが、より実践的な文法を学びたい場合は、姉妹書の「ゼロから始めるインドネシア語　文法中心」と合わせてお使いいただき、文法と会話を総合的に学習されることをお勧めします。本書がインドネシア語学習の手がかりになれば幸いです。

本書の執筆にあたり、ウダヤナ大学外国人インドネシア語コースで長年にわたり教鞭をとっておられる**Drs. I Made Madia, H.Hum**、また日本語とインドネシア語のニュアンスや綴りなどの細かなチェック作業を手伝ってくださった**Ni Nyoman Atmi Rahayu, S.S.**さん、三修社の編集担当者菊池暁さんにはきめ細やかなアドバイスとサポートを賜りました。ここに記し、心からお礼申し上げます。

最後に、この本を手にとられる方が、よりインドネシアを理解し、日本とインドネシアの友好の架け橋となられますよう希望します。

Cinta, Harapan dan Damai!

著者

もくじ

■文法編

本書の使い方

本書は「覚えるフレーズ」「ダイアローグで学んでみよう」「文法編」「ヴィジュアルインドネシア語」「分野別単語」の５つのコーナーから成り立っています。

覚えるフレーズ

日常生活の中で頻繁に使われるフレーズを紹介しました。決まり文句のように、そのまま覚えましょう。簡単なフレーズを丸暗記し使うだけでも、インドネシア人とのコミュニケーションのきっかけをつかむことができるでしょう。

ダイアローグで学んでみよう

全24章で構成されています。それぞれのダイアローグでは、日常で出会うであろう場面を想定して、短い「会話」とキーセンテンスの「解説」、類似の表現方法などを扱った「いろいろな表現」、そして文法を解説した「この課のポイント」から成っています。

このコーナーでは、むずかしい文法用語を使わずに解説してありますから、必要に応じて「文法編」を参照しながら学習すれば、より効果的でしょう。

文法編

ダイアローグで学習した入門レベルの文法事項を、より詳しく簡潔に解説しています。インドネシア語の基礎的文法を体系的に学習するのに、必要に応じて繰り返し参照しながら学習されることをお勧めします。

ヴィジュアル インドネシア語

語彙を豊かにするために、日常生活で使うものをイラストで紹介しました。本書のダイアローグなどの例文に応用すれば、さらに表現の幅が広がることでしょう。

分野別単語

本書で使った単語を中心に、ジャンルごとに重要な単語をリストアップし、簡単な意味を説明してあります。

音声

本書の音声には「覚えるフレーズ」「インドネシア語の文字と発音」「ダイアローグで学んでみよう」「文法編の例文」が収録されています。特に、「ダイアローグで学んでみよう」では、初めにナチュラルなスピードで、次に各文ごとにポーズが入った２種類が収録されています。まずは、全体を聞き取り、続いて各文を繰り返して発音してみましょう。注意深く聞くことは、相手の話を聞き取る訓練になり、また、声に出して読んでみることで、自分の苦手な発音への気づきがあり、より確実に上達が実感できるはずです。

INDONESIA
PAPUA
KALIMANTAN
SULAWESI
Makassar
SUMATRA
Medan
Palembang
JAWA
Jakarta
Bandung
Yogyakarta
Surakarta (Solo)
Semarang
Surabaya
BALI

覚えるフレーズ

Track 1

お元気ですか？

Apa《アパ》 kabar《カバル》?

誰かに会った時のあいさつとしてよく使われます。
このフレーズは、時間に関係なくいつでも使うことができます。また、類似の言いまわしで、**Bagaimana kabarnya?** [バガイマナ カバルニャ]「ごきげんいかがですか？」という言い方もあります。答える時は、**Baik-baik saja**. [バイック バイック サジャ]「いたって元気です」と言います。

おはようございます

Selamat《スラマット》 pagi《パギ》.

朝のあいさつです。
インドネシアでは、１日の時間を大きく４つに分けてあいさつをします。**pagi** を **siang** [スィアん]「昼」に換えて、**Selamat siang**. とすれば「こんにちは」となり、午前10時から午後３時頃まで使うことができます。**sore** [ソレ]「夕方」に換えて、**Selamat sore**. とすれば「こんにちは」の意味で午後３時から夕方６時頃まで使うことができます。また、**malam** [マらム]「夜」に換えて、**Selamat malam**. とすれば「こんばんは」となり、夕方６時以降のあいさつに使うことができます。これらのあいさつは、各時間帯ごとの「さようなら」の意味でも使われています。

どうもありがとうございます

Terima《トゥリマ》 kasih《カスィヒ》 banyak《バニャック》.

お礼を述べるフレーズです。
親しい間柄であれば**banyak** ［バニャック］「たくさんの」を省略して、**Terima kasih**.［トゥリマ　カスィヒ］だけでも十分感謝の意を表すことができます。

お互いさま

Sama《サマ》-sama《サマ》.

お礼、感謝の言葉を受けて使うフレーズです。
Sama-sama. のほかに、**Terima kasih kembali**.［トゥリマ　カスィヒ　クムバリ］「どういたしまして」または、**Terima kasih**. を省略した**Kembali**.［クムバリ］という言い方もよく使われます。

Track 2

大丈夫

Tidak《ディダック》 apa《アパ》-apa《アパ》.

インドネシア人は寛容です。トラブル発生の時も、**Tidak apa-apa.** の一言でその場を乗り切るほどです。「大丈夫」という意味のほかに、「気にしないで」という意味で使われることもあります。

あなたのお名前は？

Siapa《スィアパ》 nama《ナマ》 Anda《アンダ》?

相手に名前を尋ねるフレーズです。
Anda は人称代名詞（２人称）「あなた」です。この言い方のほかに、**Siapa namanya?** ［スィアパ　ナマニャ］という聞き方で、相手の名前を聞くこともあります。
また、自分の名前を言う場合は、次の文の～の部分に自分の名前を入れて、**Nama saya**～.［ナマ　サヤ］「私の名前は～です」（**Nama** は「名前」、**saya** は「私」）となります。

はい

Ya.《ヤ》

名前を呼ばれて返事をする場合、意思を問われて肯定的に答える場合などに使います。また、文末に**ya**. をつけると、語調を和らげる効果があります。

ごめんなさい

Maaf.《マアフ》

謝る時に使います。
親しい間柄や、謝る内容がそれほど重大なことではない場合、英語の**Sorry**.［ソリ］を使うこともしばしばです。
また、**Minta maaf**.［ミンタ　マアフ］「お許しください」と言えば、より丁寧です。

Track 3

許して！

Ampun《アムプゥン》!

これは謝るというよりは、許しを願うニュアンスをもった言葉です。
状況によっては、**Maaf.**以上に許しを乞う意味あいが強く感じられることもあります。
また、「勘弁してよ」といった意味で使われることもあります。

お願いします

Tolong《トろん》, ya《ヤ》.

何かを依頼する時のフレーズです。
実際には依頼する内容まで言うべきなのですが、会話のなかで依頼の内容が明らかな場合は、「お願いね！」というような感覚で使われます。

失礼します

Permisi.《プルミスィ》

例えば、誰かの部屋を退室する時、人の前を横切る時などに使われます。また、「お先に失礼します」というような場合は、**Permisi**の後に、**dulu** [ドゥゥるゥ]「先に」を付け加えて、**Permisi dulu**. という言い方が一般的です。

少々お待ちください

Tunggu《トゥゥんグゥ》 sebentar《スブンタル》.

相手を待たせる時に使われるフレーズです。
電話がかかってきて、「〜さんをお願いします」「少々お待ちください」というような場合、あるいは、誰かをしばし待たせるような場合によく使われます。
よりカジュアルな言い方では、**sebentar** [スブンタル]「しばらく」を省略して、**Tunggu, ya.** [トゥゥんグゥ ヤ]「待ってね」と言ったり、逆に**Tunggu** [トゥゥんグゥ]「待つ」の方を省略して、**Sebentar, ya.** [スブンタル ヤ] という言い方もあります。

Track 4

とても素晴しいですね

Bagus《バグゥス》 sekali《スカり》.

物などを褒める場合に使うフレーズです。
インドネシア人は褒め上手です。他人の服や物などを**Bagus !**[バグゥス]「素晴しい/きれい」と言ってよく褒めます。さらに**sekali** [スカり]「たいへん」が付け加えられると、「とても素晴しい」とか「どれもきれい」というように強調された意味になります。

おいしい

Enak《エナッㇰ》.

食べ物をおいしいという時に使います。
味覚を表す語で主なものは、**manis** [マニス]「甘い」、**asin** [アスィン]「塩辛い」、**pedas** [プダス]「辛い」、**asam** [アサム]「酸っぱい」、**pahit** [パヒット]「苦い」などがあります。
Enakは、味の良し悪し以外に、体調、状況、感触がよい場合などにも使われます。

これはいくらですか？

Ini《イニ》 berapa《ブラパ》 ?

値段をたずねるフレーズです。
「それ／あれはいくらですか？」という場合は、**Ini**「これ」を**Itu** [イトゥウ]「それ／あれ」に換えて**Itu berapa ?** [イトゥウ　ブラパ] と言います。

これをひとつください

Minta《ミンタ》 ini《イニ》 satu《サトゥウ》.

「あれをひとつください」という場合は、**ini**を**itu**に換えて**Minta itu satu**. [ミンタ　イトゥウ　サトゥウ] とすればよいでしょう。
指示代名詞の**ini**、**itu**を固有名詞に置き換えて、「～を何個ください」という使い方もできます（数詞は41、45ページを参照）。

Track 5

私は知りません

Saya《サヤ》 tidak《ティダッㇰ》 tahu《タフゥ》.

何かを聞かれて、知らないと答える場合に使います。また、「私はわかりません」という場合は、**tahu**「知っている」を**mengerti**［ムングルティ］「わかる」に置き換えて、**Saya tidak mengerti**.［サヤ　ティダッㇰ　ムングルティ］と言えばよいでしょう。

お誕生日おめでとう

Selamat《スラマッㇳ》 ulang《ウゥらん》 tahun《タフゥン》.

インドネシア語の「ハッピーバースデー！」です。
盛大なパーティーをする人もいますが、気のあった仲間うちで軽食をとるというお祝いの仕方もあります。

バイバイ

Dah.《ダアッ》

別れる時のあいさつです。
これはオランダ語からの借用語ですが、広く一般に使われる別れのあいさつです。**Dah.**のほかに、**Dadah**［ダダハ］という言い方もありますが、どちらもバイバイという意味です。しかし、目上の人に対しては丁寧とは言えない言葉遣いになってしまいます。
また長い別れには、出発する人が見送りの人に対して**Selamat tinggal.**［スらマットゥ　ティんガる］「さようなら」、見送りの人が出発する人に対して、**Selamat jalan.**［スらマットゥ　ジャらン］「さようなら」を使います。

また会うまで

Sampai《サムパイ》 bertemu《ブルトゥムゥ》 lagi《らギ》.

別れ際に使われるフレーズです。
bertemuは「会う」、**lagi**は「再び」の意味ですから、「また後で」という場合は、**bertemu lagi**を**nanti**［ナンティ］「やがて/後で」に換えればよいですし（**Sampai nanti.**）、「また明日」という場合は、**bertemu lagi**を**besok**［ベソッㇰ］「明日」に換えればよいでしょう（**Sampai besok.**）。

インドネシア語とは

インドネシア語は、インドネシア共和国の国語であり、インドネシア民族統一の言語となったのは1928年のことです。よく「日本人にとってインドネシア語の習得はそう難しくない」と言われますが、これにはいくつかの理由が考えられます。

第一に、インドネシア語は、すべてアルファベットで表記するという点です。

第二に、日本語をローマ字表記して読む時のように、綴りと発音がほぼ一致していますので、発音の習得にあまり苦労しなくてもよい点です。

第三に、語形変化がないことです。英語などのように、人称代名詞の格変化や、時制による動詞の語形変化がありません。

インドネシア語の学習は、他の言語への扉を開くきっかけにもなると思います。それは、インドネシアが今日までたどってきた歴史ゆえに、さまざまな言語から外来語として単語を受容してきたからです。例えば、アラビア語から**Allah**「神」、サンスクリット語から**guru**「先生」、オランダ語から**kantor**「事務所」、中国語から**tahu**「豆腐」などがあります。現在でも外来語を受容し続けていますが、そのほとんどは英語です。

では、日本人がインドネシア語を学習する場合、まず初めにぶつかる問題は何でしょう。それは、修飾・被修飾の語順です。文型は、基本的に主語－動詞－目的語の順ですが、修飾・被修飾の語順は、日本語のそれと逆になるのです。例えば日本語の「赤い靴」は、インドネシア語では**sepatu merah**（靴－赤い）というように、後ろの語が前の語を修飾するのです。この点は慣れるまで難しいと感じるかもしれませんが、この語順が身に付けば、ひたすら単語を暗記するという地味な努力の積み重ねで、十分に日常会話ができるようになるでしょう。

インドネシア語の文字と発音

Track 6

1．文字について

インドネシア語の表記は、ローマ字を使います。アルファベットを単独で発音すると以下のようになります。

A a ［アー］	B b ［ベー］	C c ［チェー］	D d ［デー］
E e ［エー］	F f ［エフ］	G g ［ゲー］	H h ［ハー］
I i ［イー］	J j ［ジェー］	K k ［カー］	L l ［エル］
M m ［エム］	N n ［エヌ］	O o ［オー］	P p ［ペー］
Q q ［キー］	R r ［エル］	S s ［エス］	T t ［テー］
U u ［ウー］	V v ［フェー］	W w ［ウェー］	X x ［エクス］
Y y ［イェー］	Z z ［ゼット］		

アルファベットは26文字で、文章の始まりや固有名詞は大文字、その他は小文字というように使い分けをします。また、**x**はほとんど使われず、**f**、**q**、**v**、**z**については本来インドネシア語にない音であるため、外来語に使われます。

Track 7

2．母音

文字では５種類、発音では６種類の単母音と、３種類の二重母音があります。

単母音

a ［ア］	**ada** ［アダ］ある	**baca** ［バチャ］読む	**bahasa** ［バハサ］言語
i ［イ］	**ini** ［イニ］これ	**tiba** ［ティバ］到着する	
	kami ［カミ］（話し相手を含まない）私たち		
u ［ウ］	**ulang** 「ウらん］くり返す	**susu** ［スゥスゥ］牛乳	**Rabu** ［ラブゥ］水曜日
e ［エ］	**ekor** ［エコル］しっぽ	**merah** ［メラハ］赤い	**sore** ［ソレ］夕方
e ［曖昧音のウ］		**emas** ［ウマス］金	
	terima ［トゥリマ］受け取る		**tipe** ［ティプ］タイプ
o ［オ］	**otak** ［オタック］脳	**kota** ［コタ］市	**radio** ［ラディオ］ラジオ

a、**i**、**u**、**e**、**o**の発音は日本語のア、イ、ウ、エ、オと同じです。暖昧音の**e**は、エと発音するような唇の形でウと発音します。**e**（エ）と**e**（暖昧音のウ）は、表記上の区別がありませんので、単語ごとに暗記するしかないのですが、辞書では**e**（エ）と発音する場合に、**é**のようにダッシュがふられているものもあります。初心者向けの学習書でも、この２種類の発音を区別するため、ダッシュをふっているものがありますが、通常、一般の書籍、新聞、雑誌などではこの記号を用いません。

二重母音

ai［アイ／エイ］　**air**［アイル］水　**pandai**［パンダイ］上手な
au［アウ／オウ］　**pulau**［プゥらウゥ］島　**saudara**［サウゥダラ］兄弟
oi［オイ］　**amboi**［アムボイ］まあ！　**sepoi**［スポイ］風がそよそよと

aiと**au**には、２通りの発音があります。ネイティブの人は**ai**［エイ］、**au**［オウ］と発音することが多いようです。しかし、フォーマルな発音のしかたは、**ai**［アイ］、**au**［アウ］です。どちらで発音しても意味がわかるようにしておく必要があります。なお、これらの綴りでも、**air**［アイル］のように一音節からなる単語は、必ず［アイル］と発音し、［エイル］とはならないので注意しましょう。

Track 8

３．子音

子音は基本的には１文字ですが、なかには２文字のものもあります。インドネシア語では、子音－母音で音素ができているものが多く、日本語をローマ字表記したものを読む要領で発音すればよいのですが、日本語にはない音や、特に注意しなければならない発音もあります。以下に例をあげて説明します。

b　**beli**［ブり］買う　**kabupaten**［カブゥパテン］県　**sebab**［スバップ］理由
c　**cari**［チャリ］探す　**kacamata**［カチャマタ］眼鏡　**cuaca**［チュゥアチャ］天気
cは、**ca**［チャ］、**ci**［チ］、**cu**［チュ］、**ce**［チェ］、**co**［チョ］と発音しますが、外来語の略語を発音する場合は、**c**［セー］と読み、例えば**WC**［ウェーセー］、**AC**［アーセー］などのようになります。
d　**daging**［ダギん］肉　**sedotan**［スドタン］ストロー
abad［アバッ（ド）］世紀

f **fasih** [ファスィヒ]（言葉などが）流暢な　**famili** [ファミり] 親戚
maaf [マアフ] 許し
f＋母音と**v**＋母音は全く同じ音で発音します。

g **guru** [グゥルゥ] 教師　**tiga** [ティガ]（数字の）3
tinggal [ティんガる] 住む

h **hadir** [ハディル] 出席する　**saham** [サハム] 株式
mudah [ムゥダハ] 簡単な
hはハ行の発音ですが、単語の最後が**h**で終わる場合は、ハと強く音を出さずに、息を漏らすように息だけを出します。

j **jalan** [ジャらン] 道　**jejak** [ジュジャック] 足跡　**maju** [マジュゥ] 進む

k **kita** [キタ]（話し相手を含む）私たち　**dekat** [ドゥカット] 近い
agak [アガック] やや、幾分

l **lima** [りマ]（数字の）5　**keluhan** [クるゥハン] 不満
kol [コる] キャベツ
舌先を上の歯の裏につけて音を出します。本書では、**r**と区別するために、**l**はひらがなの「ら」行で表記しています。

m **madu** [マドゥゥ] 蜜　**kambing** [カムビん] 山羊　**minum** [ミヌゥム] 飲む
単語の最後が**m**の場合は、両唇をしっかり閉じます。

n **nama** [ナマ] 名前　**tanduk** [タンドゥウゥック] つの　**daun** [ダウン] 葉
単語の最後が**n**の場合は、舌先を上の歯の裏につけます。また、本書では、**ng**「ん」で終わる単語の発音と区別するために、**n**で終わる場合は、カタカナの「ン」で発音を表記しています。

p **pacar** [パチャル] 恋人　**apa** [アパ] 何
sup [スゥップ] スープ

q **Qur'an** [クゥルアン] コーラン

r **rajin** [ラジン] 勤勉な　**pergi** [プルギ] 行く
belajar [ブらジャル] 勉強する
rは巻き舌で発音します。本書では、**l**と区別するために、**r**はカタカナの「ラ」行で表記しています。

s **salam** [サらム] あいさつ　**pasti** [パスティ] さっと
tas [タス] 鞄

t **telepon** [テれポン] 電話　**mata** [マタ] 目
lihat [りハット] 見る

v **video** [フィデオ] ビデオ　**visa** [フィサ] ビザ
universitas [ウニフェルスィタス] 大学

w **warna** [ワルナ] 色　**wortel** [ウォルトゥる] にんじん

kawin [カウィン] 結婚する

x **sinar-X** [スィナルエクス] X線

Y **ya** [ヤ]（返事をする時）はい　**yayasan** [ヤヤサン] 財団

kayu [カユゥ] 木、木材

z **zaman** [ザマン] 時代　**lazim** [らズィム]（もう）普通の

izin [イズィン] 許可

kh **khusus** [フゥスゥス] 特別の　**akhir** [アヒル] 終わりの

makhluk [マハるゥック] 生物

khは喉の奥から強く「ハ行」を吐き出すように発音します。

ng **nganga** [ンガンガ]（驚きなどで）口を大きく開ける

tangga [タんガ] 階段　**tangan** [タンガン] 手

語尾や音節が**ng**で終わる場合は舌先をどこにも触れずに、「ん」と発音します。**ng**の後に母音がある場合は、鼻濁音になります。本書では、このような場合を、「ンガ、ンギ、ング、ンゲ、ンゴ」とし、語尾や音節が**ng**で終わる場合を「ん」と表記しています。

ny **nyawa** [ニャワ] 命　**nyamuk** [ニャムゥック] 蚊

punya [プゥニャ] 持っている

sy **syarat** [シャラット] 条件　**masyarakat** [マシャラカット] 社会

musyawarah [ムゥシャワラハ] 話し合い

単語の最後が、**b**、**d**、**k**、**p**、**t**、で終わる場合、その後に母音を入れずに発音しなければなりません。本書では、「ップ、ッド、ック、ップ、ット」と表記しています。

Track 9

4．アクセントとイントネーション

アクセントの位置によって、単語の意味が変化することはありませんが、２音節以上からできている単語では、最後から２番目の音節にアクセントをおいて発音されるようです。

例えば、**wawancara**「インタビュー」の場合では、**wa-wan-ca-ra** [ワ-ワン-チャ-ラ] のように、最後から２番目の**ca**が強く発音されます。同様に、**mahasiswa**「大学生」の場合は、**ma-ha-sis-wa** [マ-ハ-スィス-ワ] となります。しかし、極端にその部分だけを強く発音するのも不自然ですから注意しましょう。

イントネーションは、疑問文では尻上がりに、それ以外は尻下がりになります。

ダイアローグで学んでみよう

Pelajaran 1

はじめまして

Perkenalkan.

Track 10

Tomoya **Perkenalkan《プルクナるカン》.**

Saya《サヤ》 Tomoya《トモヤ》 dari《ダリ》 Jepang《ジュパん》.

Rahayu **Nama《ナマ》 saya《サヤ》 Rahayu《ラハユゥ》.**

Saya《サヤ》 guru《グゥルゥ》 bahasa《バハサ》 Indonesia《インドネスィア》.

Tomoya **Saya《サヤ》 pegawai《プガワイ》 kantor《カントル》 PT《ペーテー》 Sakura《サクゥラ》 Jaya《ジャヤ》.**

智也　はじめまして。
私は日本から参りました智也です。

ラハユ　私の名前はラハユです。
私はインドネシア語の教師です。

智也　私は株式会社サクラ・ジャヤの社員です。

Perkenalkan.《プルクナるカン》　はじめまして。

初対面で自己紹介をする場面で「はじめまして」と言う時に使います。通常、この言葉とともに握手を交わす習慣があります。

Saya《サヤ》 **Tomoya**《トモヤ》 **dari**《ダリ》 **Jepang.**《ジュパん》　私は日本から参りました智也です。

年齢、性別、立場に関係なくすべての人が自分を指す言葉として **saya**「私」を使います。Saya［サヤ］＋名前 で「私は～です」、Saya＋名前＋dari［ダリ］＋所属先や出身地 で「私は（所属先・出身地）の～です」と自己紹介ができます。**dari**は「～から」、**Jepang**［ジュパん］は「日本」という意味です。「インドネシア」は **Indonesia**［インドネスィア］と言います。

Nama《ナマ》 **saya**《サヤ》 **Rahayu.**《ラハユゥ》　私の名前はラハユです。

namaは「名前」という意味です。Nama saya［ナマ　サヤ］＋自分の名前 で「私の名前は～です」と言えます。先のフレーズと同様、自分の名前を名乗る時の定番フレーズです。

Saya《サヤ》 **guru**《グゥルゥ》 **bahasa**《バハサ》 **Indonesia.**《インドネスィア》　私はインドネシア語の教師です。

Saya＋身分を表す単語・職業名 で、自分の身分や職業を紹介することができます。**guru**は「教師」です。**bahasa**［バハサ］は「言語」という意味で、bahasa＋言語名 で「～語」となります。

Saya《サヤ》 **pegawai**《プガワイ》 **kantor**《カントル》 **PT**《ペーテー》 **Sakura**《サクゥラ》 **Jaya.**《ジャヤ》　私は株式会社サクラ・ジャヤの社員です。

Saya＋身分を表す単語・職業名＋職場名 で「私は（所属先：会社名・学校名など）の（職業名・身分）です」と、相手により詳しく自分の職業や立場を紹介することができます。**kantor**［カントル］は「オフィス、会社」、**PT**は「株式会社」という意味です。

いろいろな表現

Track 11

Siapa《スィアパ》 namanya《ナマニャ》?　お名前は？

初対面の人に名前をたずねるフレーズです。**siapa**［スィアパ］は「誰」という意味で、人の名前をたずねる時に使う疑問詞です。**namanya**［ナマニャ］「名前は」という意味です。

Saya《サヤ》 bukan《ブゥカン》 pegawai《プガワイ》 kantor《カントル》, tetapi《トゥタピ》 mahasiswa《マハスィスワ》.

私は会社員ではなく、大学生です。

bukan［ブゥカン］＋名詞 で、「～ではない」という名詞を否定する否定文を作ることができます。また、**bukan ..., tetapi**［トゥタピ］～ で、「…ではなく、～です」という表現ができます。**tetapi**は「しかし」という意味の接続詞です。

Apakah《アパカハ》 Anda《アンダ》 orang《オラん》 Jepang《ジュパん》?　あなたは日本人ですか？

文頭に**Apakah**［アパカハ］を使えば、「～ですか？」という疑問文になり、「はい」「いいえ」で答える疑問文を作ることができます。「はい」は**Ya**［ヤ］、「いいえ」は**Bukan**［ブゥカン］を使って答えます。「いいえ」の場合、**Bukan**は名詞を否定する否定詞です。名詞以外の否定は後の課で説明します。答え方は、**Ya, saya orang Jepang.**［ヤ　サヤ　オラん　ジュパん］「はい、私は日本人です」、**Bukan, saya bukan orang Jepang.**［ブゥカン　サヤ　ブゥカン　オラん　ジュパん］「いいえ、私は日本人ではありません」と答えればよいでしょう。

A: Apakah《アパカハ》 Anda《アンダ》 pegawai《プガワイ》 negeri《ヌグリ》?　あなたは公務員ですか？

B: Ya《ヤ》, saya《サヤ》 pegawai《プガワイ》 negeri《ヌグリ》.　はい、私は公務員です。

Bukan《ブゥカン》, saya《サヤ》 bukan《ブゥカン》 pegawai《プガワイ》 negeri《ヌグリ》.　いいえ、私は公務員ではありません。

この課のポイント

人物代名詞と語順

⑴ 人称代名詞

Track 12

インドネシア語の人称代名詞は、相手が目上の場合や、性別によって異なり、バラエティ豊かです。文法編　P.122を参照してください。

⑵ インドネシア語の語順の特徴

ダイアローグやいろいろな表現で使った「私の名前はラハユです」「私はインドネシア語の教師です」「私は株式会社サクラ・ジャヤの社員です」「あなたは日本人ですか？」を例に考えましょう。

私の名前：**nama**《ナマ》 **saya**《サヤ》（名前→私）

インドネシア語の教師：**guru**《グゥルゥ》 **bahasa**《バハサ》 **Indonesia**《インドネスィア》（教師→～語→インドネシア）

社員：**pegawai**《プガワイ》 **kantor**《カントル》（職員→オフィス・会社）

日本人：**orang**《オラん》 **Jepang**《ジュパん》（人→日本）

インドネシア語では、修飾語と被修飾語の語順が日本語と概ね逆順になります。

⑶ 否定詞bukan

bukanは前述のように「いいえ」という意味で使うほか、「～ではない」という否定詞としても使います。語順は **bukan** + 否定したい単語 です。**bukan**は、名詞を否定する否定詞です。

Itu《イトゥゥ》 **bukan**《ブゥカン》 **Bapak**《バパッㇰ》 **Yamada**《ヤマダ》**.**　あちらは山田さんではありません。

Dia《ディア》 **bukan**《ブゥカン》 **guru**《グゥルゥ》 **bahasa**《バハサ》 **Jepang**《ジュパん》**.**　彼女は日本語教師ではありません。

Pelajaran

2

こちらは私の父です

Ini ayah saya.

Track 13

Rahayu **Bapak《バパッㇰ》 Tomoya《トモヤ》, ini《イニ》 ayah《アヤㇵ》 saya《サヤ》.**

Madia **Nama《ナマ》 saya《サヤ》 I《イ》 Made《マデ》 Madia《マディア》, panggil《ぱんギる》 saya《サヤ》 Madia《マディア》.**

Bapak《バパッㇰ》 Tomoya《トモヤ》 berasal《ブルアサる》 dari《ダリ》 mana《マナ》?

Tomoya **Saya《サヤ》 berasal《ブルアサる》 dari《ダリ》 Yokohama《ヨコハマ》.**

Bapak《バパッㇰ》 Madia《マディア》 bekerja《ブクルジャ》 di《ディ》 mana《マナ》?

Madia **Saya《サヤ》 bekerja《ブクルジャ》 di《ディ》 rumah《ルゥマㇵ》 sakit《サキッㇳ》.**

ラハユ　智也さん、こちらは私の父です。

マディア　私の名前はイ・マデ・マディアです。私をマディアと呼んでください。

智也さんはどちらのご出身ですか？

智也　私は横浜の出身です。

マディアさんはどちらで働いていらっしゃいますか？

マディア　私は病院で働いています。

Bapak《バパック》 Tomoya,《トモヤ》 ini《イニ》 ayah《アヤハ》 saya.《サヤ》

智也さん、こちらは私の父です。

ini [イニ] は「これ、こちら、この」という指示代名詞です。人、物、動物などあらゆる対象に使えます。Ini + 人名 は「**こちらは**～さんです」となり、人を紹介する時の定番フレーズで、人名の代わりに役職名、家族関係を表す語を入れることもできます。人称代名詞の Bapak [バパック] は男性に対する敬称の意味をもちます。

Nama《ナマ》 saya《サヤ》 I《イ》 Made《マデ》 Madia,《マディア》 panggil《ぱんぎる》 saya《サヤ》 Madia.《マディア》

私の名前はイ・マデ・マディアです。私をマディアと呼んでください。

Panggil saya [ぱんぎる　サヤ] ＋呼び名 で「私を～と呼んでください」となり、自分が呼ばれたい名を相手に伝えることができます。panggil [ぱんぎる] は「呼ぶ」という意味です。

Bapak《バパック》 Tomoya《トモヤ》 berasal《ブルアサる》 dari《ダリ》 mana?《マナ》

智也さんはどちらのご出身ですか？

人名＋berasal dari mana [ブルアサる　ダリ　マナ] ? で「～（さん）はどちらのご出身ですか？」となり、相手の出身地をたずねる定番フレーズです。berasal は「出身である」、dari は「～から」、mana は「どこ」の意味です。また、人名・人称代名詞＋berasal dari＋地名 で「～は…の出身です」と答えることができます。Dari＋地名 も、簡単な答え方として使うことができます。Saya berasal dari Bali. [サヤ　ブルアサる　ダリ　バり]「私はバリの出身です」のように、出身地名ではなく、島の名前を言う人もいます。

Bapak《バパック》 Madia《マディア》 bekerja《ブクルジャ》 di《ディ》 mana?《マナ》

マディアさんはどちらで働いていらっしゃいますか？

人名・人称代名詞＋bekerja di mana [ブクルジャ　ディ　マナ] ? で「～（さん）はどちらで働いていらっしゃいますか？」となり、職場をたずねる定番フレーズです。人名・人称代名詞＋bekerja di＋職場名 で「～は…で働いています」と答えることができます。

いろいろな表現

Track 14

Itu《イトゥゥ》 rekan《ルカン》 saya《サヤ》. あちらは私の同僚です。

離れた対象を指して言う場合は、**itu** [イトゥゥ]「それ、そちら、あちら、その、あの」を使います。

Ini《イニ》 mangga《マんガ》 dan《ダン》 itu《イトゥゥ》 manggis《マんギス》. これはマンゴーで、それはマンゴスチンです。

2つ以上の事柄を言う場合、接続詞**dan** [ダン]「〜と、そして」を使います。**saya dan dia**「私と彼女」、**Indonesia dan Jepang** [インドネスィア　ダン　ジュパん]「インドネシアと日本」、3つ以上の事柄をつなぐ場合は、**anjing, kucing dan monyet** [アンジん、クゥチん　ダン　モニェット]「犬、猫、そして猿」というように最後から2つ目の単語の後ろに**dan**を使います。

Panggilan《パんギらン》 saya《サヤ》 Wati《ワティ》. 私の呼び名はワティです。

panggilan [パんギらン] は「呼び名」という意味です。自己紹介をする時に、インドネシア人は名前の一部を取った呼び名を言うことがあります。**Nama saya Susilawati. Panggilan saya Wati.** [ナマ　サヤ　スシラワティ　パんギらン　サヤ　ワティ]「私の名前はスシラワティです。呼び名はワティです」

Dia《ディア》 tidak《ティダッヶ》 bekerja《ブクルジャ》 di《ディ》 bank《バンク》. 彼は銀行で働いていません。

tidak [ティダッヶ]「〜ではない」は、名詞以外の品詞を否定する否定詞です。**tidak**＋動詞、**tidak**＋形容詞の語順で使います。また、前の課で学習した名詞を否定する否定詞**bukan** [ブゥカン] 同様に、**tidak**は「いいえ」という意味でも使います。**Apakah dia bekerja di restoran?** [アパカハ　ディア　ブクルジャ　ディ　レストラン]「彼女はレストランで働いていますか？」**Tidak, dia tidak bekerja di restoran.** [ティダッヶ　ディア　ティダッヶ　ブクルジャ　ディ　レストラン]「いいえ、彼女はレストランで働いていません」

この課のポイント

指示代名詞

Track 15

(1) 指示代名詞の使い分け方

話し手の近くのものには**ini** [イニ]、離れているものや遠くのものには**itu** [イトゥゥ] を使います。これらの指示代名詞は、あらゆる対象に使うことができます。

Ini《イニ》 **ayah**《アヤㇵ》 **dan**《ダン》 **ibu**《イブゥ》 **saya**《サヤ》**.**　こちらは私の父と母です。

Itu《イトゥゥ》 **stasiun**《スタスィウゥン》 **Jakartakota**《ジャカルタコタ》**.**　あれはジャカルタコタ駅です。

Ini《イニ》 **kopi**《コピ》 **Toraja**《トラジャ》 **dan**《ダン》 **itu**《イトゥゥ》 **kopi**《コピ》 **Bali**《バり》**.**　これはトラジャコーヒーで、それはバリコーヒーです。

(2) 指示代名詞を修飾語として使う方法

「この〜」「あの〜」のように指示代名詞を修飾語として使う場合、語順は 〜＋**ini** [イニ] 、 〜＋**itu** [イトゥゥ] になります。日本語の場合と逆ですので注意しましょう。

sepatu ini [スパトゥゥ　イニ]　この靴
kaus kaki itu [カウゥス　カキ　イトゥゥ]　あの靴下
bunga ini [ブゥんガ　イニ]　この花
gunung itu [グゥヌゥん　イトゥゥ]　あの山

(3) 指示代名詞の複数表現

iniと**itu**には、複数形の語がありません。文脈から単数か複数かを判断します。

baju-baju ini [バジュゥ　バジュゥ　イニ]　**これら**の服
kamus-kamus itu [カムゥス　カムゥス　イトゥゥ]　**それら**の辞書

Pelajaran

3

これは何ですか？

Apa ini?

Track 16

Tomoya **Apa《アパ》 ini《イニ》?**

Rahayu **Ini《イニ》 nasi《ナスィ》 campur《チャムプゥル》.**

Tomoya **Apa《アパ》 ini《イニ》?**

Rahayu **Ini《イニ》 nasi《ナスィ》 bungkus《ブゥんクゥス》.**

Isinya《イスィニャ》 nasi《ナスィ》 kuning《クゥニん》.

Tomoya **Apa《アパ》 itu《イトゥウ》?**

Rahayu **Itu《イトゥウ》 bakso《バッㇰソ》 ikan《イカン》, dan《ダン》 ini《イニ》 bakso《バッㇰソ》 sapi《サピ》.**

智也　これは何ですか？
ラハユ　これはナシチャンプルです。
智也　これは何ですか？
ラハユ　これはナシブンクスです。
中身はナシクニンです。
智也　それは何ですか？
ラハユ　あれはフィッシュボールで、これは牛のミートボールです。

Apa《アパ》 ini《イニ》?　これは何ですか？

apa［アパ］は「何」という意味の疑問詞です。物などの名前を聞く時に使う定番フレーズです。第1課で学習した**siapa**［スィアパ］は人に関する事柄にしか使えませんが、**apa**は使える対象が広いです。ダイアローグの**Apa itu?**［アパ　イトゥゥ］「それは何ですか？」は、話し手から離れたものの名前をたずねる場合の定番フレーズです。

Ini《イニ》 nasi《ナスィ》 campur《チャムプゥル》 / bungkus《ブゥんクゥス》.　これはナシチャンプル / ナシブンクスです。

Ini［イニ］＋物などの名前 で、上の質問に答えることができます。**nasi**［ナスィ］は「ご飯」、**campur**［チャムプゥル］は「混ぜる」という意味ですが、ご飯に数種類のおかずがついているワンディッシュメニューです。**bungkus**［ブゥんクゥス］は「包む」という意味です。一般にナシチャンプルのテイクアウトはバナナの葉や紙に包んだものを売っています。

Isinya《イスィニャ》 nasi《ナスィ》 kuning《クゥニん》.　中身はナシクニンです。

Isinya［イスィニャ］＋中身の名前 で、内容物を言うことができます。**kuning**［クゥニん］は「黄色い」という意味で、**nasi kuning**［ナスィ　クゥニん］はターメリックなどで色や風味をつけたイエローライスです。普段食べるナシチャンプル以外に、お祝い事などで振る舞われるご飯です。

Itu《イトゥゥ》　bakso《バッㇰソ》 ikan《イカン》, dan《ダン》 ini《イニ》 bakso《バッㇰソ》 sapi《サピ》.

あれはフィッシュボールで、これは牛のミートボールです。

Itu＋物などの名前 で、「あれは～です」と表現できます。話し手との距離で**ini**と**itu**を使い分けます。また、一度に複数のことを答える場合、並列させる語句を**dan**［ダン］でつなぎます。**Itu + A, dan ini B** で、「それはAで、これはBです」となります。

いろいろな表現

Track 17

Ini《イニ》 apa《アパ》?　これは何ですか？

会話で使ったApa ini? [アパ　イニ] と同じ意味のフレーズとしてよく使われます。語順が逆になっていますが、いずれも「これは何ですか？」という意味です。**Ini apa? — Ini sate ayam.** [イニ　サテ　アヤム]「これは焼き鳥です」のように、**Ini**＋物などの名前 で、質問の文の**apa**の部分に答えになる単語を入れればよいので、日本人には使いやすい語順かもしれません。

Itu《イトゥゥ》　apa《アパ》?　それは何ですか？

上の**Apa ini?**　同様に語順を逆にして用いることができます。意味は、いずれも「それは何ですか？」です。**Itu apa? — Itu sate kambing.** [イトゥゥ　サテ　カムビん]「それはヤギの串焼きです」のように答えます。

Isi《イスィ》　apa《アパ》?　中身は何ですか？

食べ物に限らず、内容物がわからない時に使う定番フレーズです。**Isi** [イスィ] ＋内容物の名前 で、**Isi coklat.** [イスィ　チョクらッㇳ]「中身はチョコレートです」、**Isi rokok.** [イスィ　ロコッㇰ]「中身はタバコです」、**Isi sabun.** [イスィ　サブゥン]「中身は石鹸です」のように答えます。

Isi《イスィ》 berapa《ブラパ》?　中身はいくつですか？

中身の量を知りたい時に使う定番フレーズです。**Isi**＋数 で、**Isi enam.** [イスィ　ウナム]「6つです」、**Isi dua belas.** [イスィ　ドゥウア　ブらス]「12個です」のように答えます（数詞はp.41、45参照）。

疑問詞 apa の用法

Track 18

(1) 疑問詞 apa

apa は「何」という意味で、人以外の事柄の名前をたずねる時に使う疑問詞です。

A: **Apa ini?** [アパ　イニ]　これは何ですか？
B: **Ini kue.** [イニ　クゥエ]　これはお菓子です。

A: **Masakan apa ini?** [マサカン　アパ　イニ]　これは何料理ですか？
B: **Ini masakan Jawa.** [イニ　マサカン　ジャワ]　これはジャワ料理です。

A: **Apa itu?** [アパ　イトゥゥ]　あれは何ですか？
B: **Itu apotek.** [イトゥゥ　アポテッㇰ] あれは薬局です。

A: **Obat apa itu?** [オバッㇳ　アパ　イトゥゥ]　それは何の薬ですか？
B: **Itu obat lambung.** [イトゥゥ　オバッㇳ　らムブゥん] それは胃薬です。

(2) apa を用いた「はい、いいえ式」疑問文

第 1 課で、文頭に **Apakah** [アパカㇵ] をつければ、その文は「はい」「いいえ」を求める疑問文になることを学習しました。同じように文頭に **Apa** [アパ] を使って、「はい」「いいえ」を求める疑問文を作ることがあります。どちらも同じ意味ですが、**Apa ...?** の方が日常会話でよく使われます。**Apakah ...?** は、フォーマルな印象があります。

A: **Apa《アパ》 ini《イニ》 martabak《マルタバッㇰ》 manis《マニス》?**
これはマルタバックマニス（甘いパンケーキ）ですか？
（＝ **Apakah《アパカㇵ》 ini《イニ》 martabak《マルタバッㇰ》 manis《マニス》?**）

B: **Ya《ヤ》, ini《イニ》 martabak《マルタバッㇰ》 manis《マニス》.**　はい、これはマルタバックマニスです。

Bukan《ブッカン》, ini《イニ》 bukan《ブゥカン》 martabak《マルタバッㇰ》 manis《マニス》, tetapi《トゥタピ》 martabak《マルタバッㇰ》 daging《ダギん》.
いいえ、これはマルタバックマンスではなく、マルタバックダギン（お好み焼き）です。

Pelajaran 4

あなたの携帯番号は何番ですか？

Berapa nomor HP Ibu?

Track 19

Tomoya **Berapa《ブラパ》 nomor《ノモル》 HP《ハーペー》 Ibu《イブゥ》?**

Rahayu **Nomor《ノモル》 HP《ハーペー》 saya《サヤ》 081238959314[*].**

Berapa《ブラパ》 nomor《ノモル》 kamar《カマル》 apartemen《アパルトゥメン》 Bapak《ババッㇰ》?

Tomoya **Nomor《ノモル》 kamar《カマル》 saya《サヤ》 A《アー》 816《ドゥらパン サトゥゥ ウナム》[**].**

Rahayu **Lantai《らンタイ》 berapa《ブラパ》?**

Tomoya **Lantai《らンタイ》 delapan《ドゥらパン》.**

智也　あなたの携帯電話番号は何番ですか？
ラハユ　私の携帯電話番号は 081238959314 です。
　あなたのアパートの部屋番号は何番ですか？
智也　私の部屋番号は A816 です。
ラハユ　何階ですか？
智也　8階です。

[*]**kosong《コソん》 delapan《ドゥらパン》 satu《サトゥゥ》 dua《ドゥゥア》 tiga《ティガ》 delapan《ドゥらパン》 sembilan《スムビらン》 lima《りマ》 sembilan《スムビらン》 tiga《ティガ》 satu《サトゥゥ》 empat《ウムパットゥ》**
[**]**delapan《ドゥらパン》 satu《サトゥゥ》 enam《ウナム》**

Berapa《ブラパ》 nomor《ノモル》 HP《ハーペー》 Ibu《イブゥ》?	あなたの携帯電話番号は何番ですか？

berapa［ブラパ］は「いくら、いくつ」という意味の疑問詞です。答えが数字になることをたずねる時に使います。telepon［テれポン］「電話」、rumah［ルゥマハ］「家」を使って、Berapa nomor telepon rumah?［ブラパ　ノモル　テれポン　ルゥマハ］と言えば、「家の電話番号は何番ですか？」となります。

Nomor《ノモル》 HP《ハーペー》 saya《サヤ》 081238959314.	私の携帯電話番号は081238959314です。

上の質問に対する答え方として、Nomor［ノモル］＋聞かれている電話の種類＋番号 で、「私の○○の番号は～です」と答えます。簡単な答え方として番号だけ答えることもできます。携帯電話以外に、会社の電話番号を答える場合は、Nomor telepon kantor saya ...［ノモル　テれポン　カントル　サヤ　～］と言えばよいでしょう。

Berapa《ブラパ》 nomor《ノモル》 kamar《カマル》 apartemen《アパルトゥメン》 Bapak《ババッㇰ》?
あなたのアパートの部屋番号は何番ですか？

電話番号のほかに、アパートやホテルの部屋番号をたずねる場合もberapaを使います。答え方は、Nomor＋場所名＋番号 の順に、Nomor kamar saya A 816.［ノモル　カマル　サヤ　アー　ドゥらパン　サトゥゥ　ウナム］と言えばよいでしょう。ホテルの部屋番号をたずねたり答える場合は、Bepara nomor kamar hotel?［ブラパ　ノモル　カマル　ホテる］「ホテルの部屋番号は何番ですか？」、Nomor kamar saya 703 (tujuh nol tiga).［ノモル　カマル　サヤ　トゥゥジュゥフ　ノる　ティガ］「私の部屋番号は703です」となります。

Lantai《らンタイ》 berapa《ブラパ》?	何階ですか？

何階かを聞く場合は、Lantai［らンタイ］「フロア」＋berapa［ブラパ］? で「何階ですか？」となります。答え方は、berapaの部分にフロアの階数を入れ、Lantai delapan.［らンタイ　ドゥらパン］「８階です」のように答えます。

いろいろな表現

Track 20

Berapa《ブラパ》 orang《オラん》? 何人ですか?

人数をたずねる定番フレーズです。**orang**［オラん］は「人」という意味ですが、人数を言う時の助数詞としても使います。答え方は、**berapa**［ブラパ］の部分に数字を入れて、例えば**Tiga orang.**［ティガ　オラん］「3人です」と言えばよいでしょう。疑問詞**berapa**については文法編　P.126も参照してください。

Berapa《ブラパ》 hari《ハリ》? 何日間ですか?

日数をたずねる定番フレーズです。**hari**［ハリ］は「日」という意味です。「5日間」と答える場合、上の例文と同じように**berapa**の部分に数字を入れて［数字＋**hari**］の語順で**Lima hari.**［りマ　ハリ］のように答えます。日数のほか、週、月、年の長さをたずねる場合は、**minggu**［ミんグゥ］「週」、**bulan**［ブゥらン］「月」、**tahun**［タフゥン］「年」を使い、［**Berapa**＋週・月・年?］となります。

Berapa《ブラパ》 kilo《キろ》? 何キロですか?

重さや長さをたずねる場合も、［**Berapa**＋知りたい量の単位?］でたずねます。答え方は、**berapa**の部分に数字を入れて［数字＋量の単位］の語順で答えます。**kilo**は長さ、重さの両方に使います。長さに関する語として、**mili**［ミり］「ミリ」、**senti meter**［センティ　メトゥル］「センチ」、重さは**gram**［グラム］「グラム」、**ton**［トン］「トン」があります。まれに**ons**［オンス］「オンス」で表示されているものもあります。また、量に関しては**lusin**［るゥスィン］「ダース」のほかに、**kotak**［コタック］「箱」、**gelas**［グらス］「コップ」など、容器を単位にして表現するものもあります。

数詞

Track 21

(1) 数詞

0 **nol** [ノる] または **kosong** [コソん]

1	**satu** [サトゥゥ]	6	**enam** [ウナム]
2	**dua** [ドゥゥア]	7	**tujuh** [トゥゥジュゥフ]
3	**tiga** [ティガ]	8	**delapan** [ドゥらパン]
4	**empat** [ウムパット]	9	**sembilan** [スムビらン]
5	**lima** [りマ]	10	**sepuluh** [スプゥるゥフ]

11	**sebelas** [スブらス]	16	**enam belas** [ウナム　ブらス]
12	**dua belas** [ドゥゥア　ブらス]	17	**tujuh belas** [トゥゥジュゥフ　ブらス]
13	**tiga belas** [ティガ　ブらス]	18	**delapan belas** [ドゥらパン　ブらス]
14	**empat belas** [ウムパット　ブらス]	19	**sembilan belas** [スムビらン　ブらス]
15	**lima belas** [りマ　ブらス]	20	**dua puluh** [ドゥゥア　プゥルゥフ]

100　**seratus** [スラトゥゥス]
500　**lima ratus** [りマ　ラトゥゥス]
1.000　**seribu** [スリブゥ]
3.150　**tiga ribu seratus lima puluh**
[ティガ　リブゥ　スラトゥゥス　りマ　プゥるゥフ]
7.000　**tujuh ribu** [トゥゥジュゥフ　りブゥ]

・3桁ごとに区切る際は「.」を用います。「,」は小数点を表すので注意しましょう。
・10, 100, 1000など2桁以上の「1」は**satu**ではなく、**se-** [ス] となります。**satu puluh**, **satu ratus**, **satu ribu**とは言いません。
・「1人」は**seorang** [スオらん] または**satu orang** [サトゥゥ　オラん]
・「1匹」は**seekor** [スエコル] または**satu ekor** [サトゥゥ　エコル]
・「1台」は**sebuah** [スブゥアハ] または**satu buah** [サトゥゥ　ブゥアハ]

(2) 数える時に使う助数詞

orang [オラん] 人（〜人）
lembar [るムバル] 紙（〜枚）
ekor [エコル] 動物（〜匹、〜頭、〜羽）
piring [ピりん] 料理（〜皿）
buah [ブゥアハ] 家、車、ビル、本、机など（〜軒、〜台、〜棟、〜冊、〜機）

助数詞を使った語順は、数字→助数詞→対象物名 です。**dua orang anak** [ドゥゥア　オラん　アナック]「2人の子供」、**sepuluh buah mangga** [スプゥるゥフ　ブゥアハ　マんガ]「10個のマンゴー」というように使います。

Pelajaran 5

これはいくらですか？

Berapa sepeda motor ini?

Track 22

Tomoya **Berapa《ブラパ》 sepeda《スペダ》 motor《モトル》 ini《イニ》?**

Pelayan **Rp. 15.000.000《りマ ブらス ジュゥタ ルゥピアㇵ》[*].**

Tomoya **Berapa《ブラパ》 harga《ハルガ》 mobil《モビる》 itu《イトゥゥ》?**

Pelayan **Rp. 500.000.000《りマ ラトゥス ジュゥタ ルゥピアㇵ》[**].**

Tomoya **Wah《ワㇵ》, mahal《マハる》 !**

Pelayan **Mobil《モビる》 itu《イトゥゥ》 Rp. 250.000.000《ドゥア ラトゥス りマ プゥるゥㇷ ジュゥタ ルゥピアㇵ》[***].**

智也　このバイクはいくらですか？
店員　1500 万ルピアです。
智也　その車の値段はいくらですか？
店員　5 億ルピアです。
智也　わぁ～、高い！
店員　こちらの車は 2 億 5000 万ルピアです。

[*]lima belas juta　[**]lima ratus juta　[***]dua ratus lima puluh juta

Berapa《ブラパ》 sepeda《スペダ》 motor《モトル》 ini《イニ》?	このバイクはいくらですか?

値段をたずねる定番フレーズです。**Berapa**〔ブラパ〕**…?** で「～はいくらですか？」となり、「…」の部分には聞きたいものの名前を入れます。

Rp. 15.000.000.《りマ ブらス ジュゥタ ルゥピアㇵ》	1500万ルピアです。

インドネシアの通貨**rupiah**〔ルゥピアㇵ〕の省略形**Rp.**の後ろに金額を表示しますが、読む時は、先に数字を言い、最後に**rupiah**を言います。

Berapa《ブラパ》 harga《ハルガ》 mobil《モビる》 itu《イトゥゥ》?	その車の値段はいくらですか?

上のフレーズ同様に、このフレーズも値段をたずねる定番フレーズです。**Berapa harga**〔ブラパ　ハルガ〕**…?** で「～の値段はいくらですか？」となります。**harga**は「値段」という意味です。**Berapa harga**の後ろに聞きたいものの名前を入れます。

Wah《ワㇵ》, mahal《マハる》 !	わぁ～、高い！

Wah〔ワㇵ〕は感嘆詞です。驚いた時に使われます。**mahal**〔マハる〕は「高い」という意味で、「値段が高い、安い」の「高い」に使います。

いろいろな表現

Track 23 値段や料金をたずねるフレーズを紹介します。

Berapa《ブラパ》 harga《ハルガ》 1《サトゥゥ》 liter《りットゥル》 bensin《ベンスィン》? ガソリン1リットルの値段はいくらですか？

単位あたりの金額をたずねる場合は、 **Berapa harga** ［ブラパ　ハルガ］＋単位＋物の名前？ でたずねます。答え方は、 **Harga**＋単位＋物の名前＋**Rp.** ［ルゥピアハ］金額 の語順で答えます。**Harga 1 liter bensin Rp. 7.600.** ［ハルガ　サトゥゥ　りットゥル　ベンスィン　トゥゥジュゥフ　リブゥ　ウナム　ラトゥス　ルゥピアハ］のようになります。

Berapa《ブラパ》 ongkos《オんコス》 perbaiki《プルバイキ》 AC《アーセー》? エアコンの修理代はいくらですか？

ongkos ［オんコス］は価格ではなく、料金、代金などをたずねる場合に使います。

Berapa《ブラパ》 biaya《ビアヤ》 transpor《トゥランスポル》 sebulan《スブゥらン》? 1カ月の交通費はいくらですか？

biaya ［ビアヤ］は、経費、費用をたずねる場合に使います。

Berapa《ブラパ》 tarif《タリフ》 kamar《カマル》 satu《サトゥゥ》 malam《マらム》? 1晩の部屋代はいくらですか？

tarif ［タリフ］は、料金やレートをたずねる場合に使います。**tarif hotel** ［タリフ　ホテる］「ホテル料金」、**tarif listrik** ［タリフ　りストゥリック］「電気料金」、**tarif telepon** ［タリフ　テれポン］「電話料金」などに使います。

Berapa《ブラパ》 nilai《ニらイ》 tukar《トゥゥカル》 hari《ハリ》 ini《イニ》? 今日の交換レートはいくらですか？

nilai tukar ［ニらイ　トゥゥカル］は「交換レート」の意味です。同じ意味で**kurs** ［クゥルス］という単語もあります。

数詞（10.000～）

Track 24

この課では、大きい数の数え方を覚えましょう。

10.000	**sepuluh**《スプゥるゥㇷ》 **ribu**《リブゥ》
18.000	**delapan**《ドゥらパン》 **belas**《ブラス》 **ribu**《リブゥ》
100.000	**seratus**《スラトゥス》 **ribu**《リブゥ》
460.000	**empat**《ウムパッㇳ》 **ratus**《ラトゥゥス》 **enam**《ウナム》 **puluh**《プゥるゥㇷ》 **ribu**《リブゥ》
500.000	**lima**《りマ》 **ratus**《ラトゥゥス》 **ribu**《リブゥ》 または**setengah**《ストゥんガㇵ》 **juta**《ジュゥタ》
1.000.000 （100万）	**sejuta**《スジュゥタ》 または**satu**《サトゥゥ》 **juta**《ジュゥタ》
10.000.000 （1000万）	**sepuluh**《スプゥるゥㇷ》 **juta**《ジュゥタ》
100.000.000 （1億）	**seratus**《スラトゥゥス》 **juta**《ジュゥタ》
1.000.000.000 （10億）	**satu**《サトゥゥ》 **milyar**《ミるヤル》
1.000.000.000.000 （100億）	**satu**《サトゥゥ》 **trilyun**《トゥりるユゥン》

・日常生活で0から10までの数は、番号や買い物で個数などをいう場合によく使われますが、金額は桁が大きい数になるので、1万台以上の数も言えて、聞き取れるようにしましょう。

Pelajaran

6

メニューをください！

Minta menu!

Track 25

Tomoya **Minta《ミンタ》 menu《メヌゥ》, Bu《ブゥ》 !**

Pelayan **Mau《マウゥ》 minum《ミヌゥム》 apa《アパ》?**

Tomoya **Bir《ビル》 Bintang《ビンタん》 dua《ドゥゥア》 botol《ボトる》, es《エス》 jeruk《ジュルゥッㇰ》 satu《サトゥゥ》 gelas《グらス》, es《エス》 teh《テヘ》 tawar《タワル》 satu《サトゥゥ》 gelas《グらス》, dan《ダン》 Coca《コカ》-Cola《コラ》 satu《サトゥゥ》 kaleng《カれん》.**

Pelayan **Baik《バイッㇰ》.**

智也　メニューをください！

店員　何を飲みたいですか？

智也　ビンタン・ビール２本、オレンジジュース１杯、アイスストレートティー１杯、コーラ１缶。

店員　かしこまりました。

Minta《ミンタ》 menu《メヌゥ》, Bu《ブゥ》 !

メニューをください！

minta [ミンタ] は「乞う」「求める」という意味で、相手から何かをもらいたい時に使います。 **minta** + 欲しい物の名前 で、「～をください」という表現ができます。例えば、**piring** [ピりん]「皿」、**serbet** [スルベットゥ]「ナプキン」、**es batu** [エス　バトゥゥ]「氷」などと組み合わせて、**Minta piring!** [ミンタ　ピりん]「皿をください」、**Minta serbet!** [ミンタ　スルベットゥ]「ナプキンをください」、**Minta es batu!** [ミンタ　エス　バトゥゥ]「氷をください」となります。

Mau《マウゥ》 minum《ミヌゥム》 apa《アパ》?

何を飲みたいですか？

mau [マウゥ] は「～したい」、**minum** [ミヌゥム] は「飲む」という意味です。飲食店でよく使われるフレーズです。

Bir《ビル》 Bintang《ビンタん》 dua《ドゥゥア》 botol《ボトる》, es《エス》 jeruk《ジュルゥッㇰ》 satu《サトゥゥ》 gelas《グらス》, es《エス》 teh《テヘ》 tawar《タワル》 satu《サトゥゥ》 gelas《グらス》, dan《ダン》 Coca《コカ》-Cola《コラ》 satu《サトゥゥ》 kaleng《カれん》.

ビンタン・ビール2本、オレンジジュース1杯、アイスストレートティー1杯、コーラ1缶。

ダイアローグのように、飲食店では飲み物名と欲しい数量だけを答えることが多いのですが、本来は、**Mau minum** + 飲み物名 で、「～を飲みたい」と伝えます。

また、飲み物を数える時は、瓶入りの物は 数字 + **botol** [ボトる] 、コップに入っている物は 数 + **gelas** [グらス] 、缶入りの物は 数 + **kaleng** [カれん] を使います。飲み物が入っている容器が単位になります。

いろいろな表現

Track 26

Mau《マウゥ》 makan《マカン》 apa《アパ》? 何を食べたいですか?

makan［マカン］は「食べる」という意味です。**Mau makan**＋料理名 で、「～を食べたい」と言うことができます。**Mau makan ayam goreng.**［マウゥ　マカン　アヤム　ゴレん］「アヤムゴレン（フライドチキン）を食べたいです」と答えるべきですが、日常、飲食店では、食べ物名と欲しい数量だけを答えることが多いです。料理は、ほとんどが皿に盛り付けられて出されますので、数＋**piring**［ピリん］＋料理名 で数えます。また、「～人前」という場合は、数＋**porsi**［ポルスィ］＋料理名 を使います。

Ada《アダ》 minuman《ミヌゥマン》 keras《クラス》? お酒はありますか?

ada［アダ］は「ある」という意味です。**Ada**＋物の名前 で「～がある」と言うことができます。文末を上がり口調で言えば、「～はありますか？」と質問することができます。**Ada sambal?**［アダ　サムバル］「サンバルはありますか？」、**Ada air hangat?**［アダ　アイル　ハんガット］「ぬるま湯はありますか？」、**Ada tisu basah?**［アダ　ティスゥ　バサハ］「ウェットティッシュはありますか？」など、**Ada**の後ろの単語を入れ替えて簡単に作ることができます。答えとして、ある場合は、**Ya.**［ヤ］あるいは**Ada.**、ない場合は、**Tidak.**［ティダック］あるいは**Tidak ada.**［ティダック　アダ］と答えます。

Saya《サヤ》 mau《マウゥ》 ikan《イカン》 goreng《ゴレん》. 揚げ魚が欲しいです。

mau［マウゥ］は「欲しい」という意味です。**Saya mau**［サヤ　マウゥ］＋欲しい物の名前 で「私は～が欲しい」と言うことができます。**Saya mau kopi susu.**［サヤ　マウゥ　コピ　スゥスゥ］「私はミルクコーヒーが欲しい」、**Saya mau es krim.**［サヤ　マウゥ　エス　クリム］「私はアイスクリームが欲しい」などのように使います。なお、日常会話では、主語を省略して、**Mau**＋欲しい物の名前 で同様の表現をします。

この課のポイント

助数詞

Track 27

(1) 助数詞

人や物を数える時に使う助数詞を覚えましょう。

orang《オラん》 ：人　**seorang** [スオラん] / **satu orang** [サトゥゥ　オラん]　１人

dua orang polisi [ドゥウア　オラん　ポりスィ]　２人の警察官

tiga orang pegawai kantor [ティガ　オラん　プガワイ　カントル]　３人の会社員

ekor《エコル》 ：動物全般　**seekor anjing** [スエコル　アンジん]　１匹の犬

dua ekor burung [ドゥウア　エコル　ブゥルゥん]　２羽の鳥

tiga ekor ikan [ティガ　エコル　イカン]　３匹の魚

buah《ブゥアハ》 ：人と動物以外の多くのもの

tiga buah mobil [ティガ　ブゥアハ　モビる]　３台の自動車

empat buah rumah [ウムパット　ブゥアハ　ルゥマハ]　４軒の家

lima buah kursi [りマ　ブゥアハ　クゥルスィ]　５脚の椅子

sebuah mangga [スブゥアハ　マんガ]　１個のマンゴー

これ以外の助数詞は文法編　P.127参照

(2) 助数詞の使い方

助数詞は、[数＋適切な助数詞＋数える対象の名前]の順で使います。

Minta《ミンタ》 **dua**《ドゥウア》 **botol**《ボトる》 **air**《エア》 **aqua**《アクゥア》.　２本の飲料水をください。

↑ 数字 ２　↑ 助数詞 本　↑ 数える対象の名前 飲料水

(3) 助数詞での「１つ」の言い方

数詞で学習したように、１の場合は**satu** [サトゥゥ] が**se-** [ス] となり、位を表す語にくっついて１語になりました。助数詞の場合も、同じように１語にすることができます。

seorang《スオラん》 **anak**《アナック》　１人の子供

↑ １　↑ 人　↑ 子供

sebuah《スブゥアハ》 **buku**《ブゥクゥ》　１冊の本

↑ １　↑ 冊　↑ 本

会話では時々**se-**の形ではなく**satu orang anak**のように、**satu**のまま使われることもあります。

Pelajaran 7

いつ私たちはボゴールへ行きますか？

Kapan kita pergi ke Bogor?

Track 28

Tomoya **Kapan《カパン》 kita《キタ》 pergi《プルギ》 ke《ク》 Bogor《ボゴル》?**

Rahayu **Hari《ハリ》 Kamis《カミス》 minggu《みんグゥ》 ini《イニ》, Pak《パッㇰ》.**

Tomoya **Hari《ハリ》 apa《アパ》 kita《キタ》 kembali《クムバり》 dari《ダリ》 Bogor《ボゴル》?**

Rahayu **Hari《ハリ》 Sabtu《サプトゥゥ》, Pak《パッㇰ》.**

Tomoya **Bulan《ブゥらン》 apa《アパ》 tamu《タムゥ》 datang《ダタん》 dari《ダリ》 Banjarmasin《バンジャルマスィン》?**

Rahayu **Bulan《ブゥらン》 Agustus《アグゥストゥゥス》, Pak《パッㇰ》.**

智也　いつ私たちはボゴールに行きますか？
ラハユ　今週の木曜日です。
智也　何曜日に私たちはボゴールから戻りますか？
ラハユ　土曜日です。
智也　何月にお客さんがバンジャルマシンから来ますか？
ラハユ　８月です。

Kapan《カパン》 kita《キタ》 pergi《プルギ》 ke《ク》 Bogor《ボゴル》? いつ私たちはボゴールに行きますか？

kapan［カパン］は「いつ」という意味で、**日付や曜日など時に関することを質問することができます。** **pergi**［プルギ］は「行く」、**ke**［ク］は「～へ」という意味で、**pergi ke**［プルギ　ク］＋場所名 で「～へ行く」と表現できます。

Hari《ハリ》 Kamis《カミス》 minggu《ミんグゥ》 ini《イニ》, Pak《パック》. 今週の木曜日です。

hari［ハリ］は「曜日」という意味で **hari**［ハリ］＋曜日名 で「～曜日」と言い表します。**minggu**［ミんグゥ］は「週」という意味です。

Hari《ハリ》 apa《アパ》 kita《キタ》 kembali《クムバり》 dari《ダリ》 Bogor《ボゴル》? 何曜日に私たちはボゴールから戻りますか？

Hari apa?［ハリ　アパ］は「何曜日ですか？」という意味。曜日ではなく記念日などを質問する時にも「何の日」という意味でも使います。**kembali**［クムバり］は「戻る」という意味で、**kembali dari**［クムバり　ダり］＋場所名 で「～から戻る」と表現できます。答える時は、**hari**［ハリ］＋曜日名 で「～曜日」と言います。記念日などを言う場合は、**hari Ibu**［ハリ　イブゥ］「母の日」、**hari ulang tahun**［ハリ　ウゥらん　タフゥン］「誕生日」のように、**hari**［ハリ］＋記念日の名 で表現します。

Bulan《ブゥらン》 apa《アパ》 tamu《タムゥ》 datang《ダタん》 dari《ダリ》 Banjarmasin《バンジャルマスィン》?

何月にお客さんがバンジャルマシンから来ますか？

bulan［ブゥらン］は「月」という意味です。**Bulan＋apa?**［ブゥらン　アパ］で「何月ですか？」となり、月名をたずねるフレーズです。月名は数ではなく名前を使うので、質問する場合に疑問詞 **apa**［アパ］「何」を使います。**datang**［ダタん］は「来る」、**datang dari**［ダタん　ダリ］で「～から来る」という意味です。答える時は、**bulan**［ブゥらン］＋月名 で「～月」と表現します。**Bulan apa?**［ブゥらン　アパ］は「何の月」であるかを質問する時にも使います。**bulan puasa**［ブゥらン　プゥアサ］「（イスラム教徒の）断食月」などがその例です。

いろいろな表現

Track 29

Hari《ハリ》 ini《イニ》 tanggal《タんガる》 berapa《ブラパ》?　今日は何日ですか？

tanggal [タんガる] は「日付」という意味です。疑問詞**berapa**「いくつ、いくら」を使い、**Tanggal berapa?** [タんガる　ブラパ] と質問します。答える時は、**tanggal**＋数。「8月17日」は、**tanggal 17 bulan Agustus** [タんガる　トゥウジュウフ　ブらス　ブゥらン　アグゥストゥウス] と言います。年月日は、日本語の語順と逆です。

Tahun《タフゥン》 berapa《ブラパ》 Anda《アンダ》 datang《ダタん》 ke《ク》 Jakarta《ジャカルタ》?

何年にあなたはジャカルタに来ましたか？

年号をたずねる時は**Tahun berapa?** [タフゥン　ブラパ]「何年ですか？」を使います。**tahun** [タフゥン] は「年」という意味です。答える時は、**tahun**＋年号の数。「2017年」は**tahun 2017** [タフゥン　ドゥウア　リブゥ　トゥウジュウフ　ブらス]。

Dua《ドゥウア》 bulan《ブゥらン》 yang《やん》 akan《アカン》 datang《ダタん》 saya《サヤ》 pulang《プゥらん》 ke《ク》 Jepang《ジュパん》.

２カ月後、私は日本へ帰ります。

数字＋**bulan** [ブゥらン] で月数を表します。**yang akan datang** [ヤん　アカン　ダタん] は「来る～」という意味です（未来の時を表現。**yang**「～の」、**akan**「～であろう」、**datang**「来る」）。**hari Senin yang akan datang** [ハリ　スニン　ヤん　アカン　ダタん] で「今度の月曜日」となります。会話では、**bulan depan** [ブゥらン　ドゥパン]「来月」、**minggu depan** [ミんグゥ　ドゥパン]「来週」とも言います。**depan** [ドゥパン] は、「前、先」という意味です。

Lima《りま》 tahun《タフゥン》 yang《やん》 lalu《らるゥ》 saya《サヤ》 tinggal《ティんガる》 di《ディ》 Bandung《バンドゥゥん》.

５年前、私はバンドゥンに住んでいました。

数字＋**tahun** で年数を表します。**yang lalu** [ヤん　らるゥ] は「過ぎた～」という意味（過去の時の表現）です。**lalu**は「過ぎ去った」という意味で、**hari Rabu yang lalu** [ハリ　ラブゥ　ヤん　らるゥ] で「この前の水曜日」となります。会話では、先週、先月、昨年は**kemarin** [クマリン]「昨日」を使い、**tahun kemarin**で「昨年」のようにも言います。

この課のポイント

時の表現

(1) 日数、月数、年数

Track 30

A: Tanggal berapa? [タんガる　ブラパ]　何日ですか？
B: Tanggal 1. [タんガる　サトゥゥ]　1日です。

A: Berapa hari? [ブラパ　ハリ]　何日間ですか？
B: Dua hari. [ドゥゥア　ハリ]　2日間です。

*__Berapa hari?__で「何日間」という意味です。答える時は、**berapa** [ブラパ] の部分に数字を入れ、[数 + **hari**] で日数を表現します。

A: Bulan apa? [ブゥらン　アパ]　何月ですか？
B: Bulan April. [ブゥらン　アプリる]　4月です。

A: Berapa bulan? [ブラパ　ブゥらん]　何カ月間ですか？
B: Empat bulan. [ウムパッㇳ　ブゥらン]　4カ月間です。

A: Tahun berapa? [タフゥン　ブラパ]　何年ですか？
B: Tahun 2020. [タフゥン　ドゥゥア　リブゥ　ドゥゥア　プゥるゥㇷ]　2020年です。

A: Berapa tahun? [ブラパ　タフゥン]　何年間ですか？
B: Dua puluh tahun. [ドゥゥア　プゥるゥㇷ　タフゥン]　20年間です。

*いずれの場合も、疑問詞**apa**の部分には名前を、疑問詞**berapa**の部分には該当する数字を置き換えれば、答えの文ができます。

(2) 過去、現在、未来の表現

yang《ヤん》 lalu《らるぅ》	**sekarang《スカラん》**	**yang《ヤん》 akan《アカン》 datang《ダタん》**
～前	今	～後

dua hari yang lalu [ドゥゥア　ハリ　ヤん　らるぅ]　2日前
dua hari yang akan datang [ドゥゥア　ハリ　ヤん　アカン　ダタん]　2日後

Pelajaran 8

毎第一日曜日と第三日曜日、私は水泳をします

Setiap hari Minggu pertama dan ketiga, saya berenang.

Track 31

Tomoya **Setiap《スティアッㇷ゚》 hari《ハリ》 Minggu《ミんグゥ》 pertama《プルタマ》 dan《ダン》 ketiga《クティガ》, saya《サヤ》 berenang《ブルナん》.**

Rahayu **Bapak《バパッㇰ》 berenang《ブルナん》 sebulan《スブゥらン》 dua《ドゥゥア》 kali《カり》?**

Tomoya **Ya《ヤ》. Sesudah《ススゥダㇵ》 makan《マカン》 pagi《パギ》, saya《サヤ》 pergi《プルギ》 ke《ク》 kolam《コらム》 renang《ルナん》.**

Rahayu: **Bapak《バパッㇰ》 Tomoya《トモヤ》 tidak《ティダッㇰ》 belajar《ブらジャル》 bahasa《バハサ》 Indonesia《インドネスィア》?**

Tomoya **Setiap《スティアッㇷ゚》 hari《ハリ》 Selasa《スらサ》 dan《ダン》 hari《ハリ》 Jumat《ジュゥマッㇳ》 saya《サヤ》 belajar《ブらジャル》 di《ディ》 kantor《カントル》.**

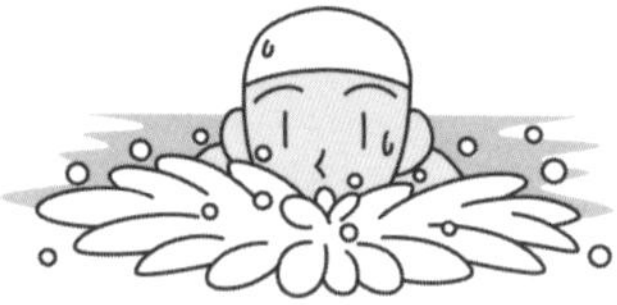

智也　毎第一日曜日と第三日曜日、私は水泳をします。
ラハユ　あなたは月に２回水泳をするのですか？
智也　はい。朝食後、私はプールへ行きます。
ラハユ　智也さんはインドネシア語を勉強しないのですか？
智也　毎火曜日と金曜日、私は会社で勉強しています。

Setiap《スティアップ》 hari《ハリ》 Minggu《ミんグゥ》 pertama《プルタマ》 dan《ダン》 ketiga,《クティガ》 saya《サヤ》 berenang.《ブルナん》

毎第一日曜日と第三日曜日、私は水泳をします。

pertama［プルタマ］は、「第一、最初」、ketiga［クティガ］は「第三」という意味です。ke［ク］＋数詞で序数詞を表します。setiap［スティアップ］は「毎」。setiap［スティアップ］＋日数、曜日などで周期の表現ができます。

Bapak《バパック》 berenang《ブルナん》 sebulan《スブゥらン》 dua《ドゥゥア》 kali?《カり》

あなたは月に2回水泳をするのですか？

berenang［ブルナん］は泳ぐという意味です。数詞＋kali［カリ］で「〜回」という意味になります（ただし、「1回」はsekali［スカリ］）。期間数＋数＋kaliで「〜に〜回」となります。

Sesudah《ススゥダハ》 makan《マカン》 pagi,《パギ》 saya《サヤ》 pergi《プルギ》 ke《ク》 kolam《コらム》 renang.《ルナん》

朝食後、私はプールへ行きます。

sesudah［ススゥダハ］＋動詞は「〜をした後」という意味です。Sesudah makan siang, saya tidur siang.［スズゥダハ　マカン　スィアん　サヤ　ティドゥゥル　スィアん］「昼食後、私は昼寝をします」のように、Sesudah［ススゥダハ］＋動詞1，主語＋動詞2で、「動詞1をした後に、主語は動詞2をする」と表現できます。

Bapak《バパック》 Tomoya《トモヤ》 tidak《ティダック》 belajar《ブらジャル》 bahasa《バハサ》 Indonesia?《インドネスィア》

智也さんはインドネシア語を勉強しないのですか？

tidak［ティダック］は「〜ではない」という否定詞です。「いいえ」という意味でも使います。否定詞bukan［ブゥカン］は名詞を否定する時に使いますが、tidakは名詞以外のものを否定する時に使う否定詞です。belajar［ブらジャル］は「学習する、学ぶ、習う」という意味の動詞です。

いろいろな表現

Track 32

Berapa《ブラパ》 lama《らマ》 sekali《スカり》 Anda《アンダ》 bermain《ブルマイン》 golf《ゴるフ》?

どれくらいに一度（の割合で）、あなたはゴルフをしますか？

Berapa lama sekali ...? [ブラパ　らマ　スカり] で、「どれくらいに一度（の割合で）～ですか？」という意味で、期間や時間に対する行為の割合や頻度をたずねることができます。「**...**」の部分に知りたい事柄を入れます。**Berapa lama sekali Anda bermain Karaoke?**[ブラパ　らマ　スカり　アンダ　ブルマイン　カラオケ]「どれくらいに一度、あなたはカラオケをしますか？」、**Berapa lama sekali Anda pergi makan di KFC?** [ブラパ　らマ　スカり　アンダ　プルギ　マカン　ディ　カーエフチェ]「どれくらいに一度、あなたはケンタッキーに食べに行きますか？」などのように使うことができます。

Sebelum《スブるゥム》 tidur《ティドゥゥル》, saya《サヤ》 membaca《ムムバチャ》 buku《ブゥクゥ》. 寝る前に、私は本を読みます。

sebelum [スブるゥム] は「～する前に」という意味です。**sebelum** [スブるゥム] ＋動詞 で「～する前に」と表現できます。例えば、**Sebelum sarapan, saya mandi.** [スブるゥム　サラパン　サヤ　マンディ]「朝食をとる前に、私は水浴びをします」のように、**Sebelum** [スブるゥム] ＋動詞1, 主語＋動詞2 で「動詞1をする前に、主語は動詞2をする」と表現できます。

Setiap《スティアップ》 hari《ハリ》 saya《サヤ》 berolahraga《ブルオらハ ラガ》. 毎日、私は運動をします。

setiap [スティアップ] は「毎」という意味ですが、**hari**と組み合わせると「毎日」という意味になります。類似の用例に、**setiap pagi**「毎朝」、**setiap malam**「毎晩」、**setiap minggu**「毎週」、**setiap bulan**「毎月」、**setiap tahun**「毎年」などがあります。**Setiap pagi saya makan roti panggang dan telur mata sapi.** [スティアップ　パギ　サヤ　アカン　ロティ　パんガん　ダン　トゥるゥル　アタ　サピ]「毎朝、私はトーストと目玉焼きを食べます」、**Setiap tahun keluarga saya berjalan-jalan ke Bali.** [スティアップ　タフゥン　クるゥアルガ　サヤ　ブルジャらン　ジャらン　ク　バり]「毎年、私の家族はバリへ旅行します」などのように表現できます。

序数

(1) 序数

順番の言い方を覚えましょう。すでに学習した数詞の前に**ke-**をつけて、「第○」「○番目」と表現します。ただし、「第一」のみ、**pertama**［プルタマ］となり、**kesatu**とは言いませんので注意しましょう。

第一　**pertama**《プルタマ》　　第二　**kedua**《クドゥゥア》　　第三　**ketiga**《クティガ》

(2) 周期の表現：「毎～」の表現

setiap［スティアップ］＋基本とする周期を表す語で「毎～」を表現します。

setiap《スティアップ》 **hari**《ハリ》　毎日　　**setiap**《スティアップ》 **minggu**《ミんグゥ》　毎週　　**setiap**《スティアップ》 **bulan**《ブゥらン》　毎月

setiap《スティアップ》 **tahun**《タフゥン》　毎年　　**setiap**《スティアップ》 **pagi**《パギ》　毎朝　　**setiap**《スティアップ》 **malam**《マらム》　毎晩

(3)「各～」の表現

setiap＋基本とする人や物などを表す語で「各～」を表現します。

setiap《スティアップ》 **orang**《オラん》　各人　　**setiap**《スティアップ》 **negara**《ヌガラ》　各国

(4)「～前に」と「～後に」の表現

sebelum［スブるゥム］と**sesudah**［ススゥダハ］を使い、「～をする前に～する」「～した後で～する」の表現を作ります。

Sebelum《スブるゥム》 **masak**《マサック》, **ibu**《イブゥ》 **saya**《サヤ》 **mencuci**《ムンチュゥチ》 **tangan**《タんガン》.　料理をする前に、母は手を洗います。

＊ **Sebelum**［スブるゥム］＋動詞１，主語＋動詞２：動詞１をする前に、主語は動詞２をする

Sesudah《ススゥダハ》 **makan**《マカン》, **nenek**《ネネック》 **minum**《ミヌゥム》 **obat**《オバット》.　食後に、祖母は薬を飲みます。

＊ **Sesudah**［ススゥダハ］＋動詞１，主語＋動詞２：動詞１をした後に、主語は動詞２をする

Pelajaran 9

何時にあなたは空港へ出発しますか？

Jam berapa Bapak berangkat ke bandara?

Track 34

Rahayu **Jam《ジャム》 berapa《ブラパ》 Bapak《バパッㇰ》 berangkat《ブランカッㇳ》 ke《ク》 bandara《バンダラ》?**

Tomoya **Jam《ジャム》 empat《ウムパッㇳ》 sore《ソレ》.**

Rahayu **Tamu《タムゥ》 dari《ダリ》 Jepang《ジュパん》 tiba《ティバ》 jam《ジャム》 berapa《ブラパ》?**

Tomoya **Jam《ジャム》 setengah《ストゥんガㇵ》 tujuh《トゥジュゥㇷ》.**

Dari《ダリ》 kantor《カントル》 sampai《サムパイ》 bandara《バンダラ》

kira《キラ》-kira《キラ》 berapa《ブラパ》 lama《らマ》?

Rahayu **Sekitar《スキタル》 satu《サトゥゥ》 jam《ジャム》, Bapak《バパッㇰ》.**

Kalau《カらウゥ》 macet《マチェッㇳ》, mungkin《ムゥんキン》 dua《ドゥゥア》 jam《ジャム》.

ラハユ　何時にあなたは空港へ出発しますか？

智也　夕方４時です。

ラハユ　日本からのお客さんは何時に到着しますか？

智也　６時半です。

オフィスから空港までだいたいどのくらいかかりますか？

ラハユ　およそ１時間です。

もしも渋滞していれば、おそらく２時間でしょう。

Jam《ジャム》 berapa《ブラパ》 Bapak《ババッヶ》 berangkat《ブラんカット》 ke《ク》 bandara《バンダラ》?

何時にあなたは空港へ出発しますか？

jam［ジャム］は「時間」、**berapa**［ブラパ］は「いくら」。**Jam berapa?**［ジャム　ブラパ］で「何時ですか？」という意味です。また、jam＋数字 で時刻を表現します。日常生活では12時間制を使いますが、交通機関や予定表などでは24時間制を使います。

Tamu《タムゥ》 dari《ダリ》 Jepang《ジュパん》 tiba《ティバ》 jam《ジャム》 berapa《ブラパ》?

日本からのお客さんは何時に到着しますか？

tiba［ティバ］は「到着する」という意味です。「～に」を表す前置詞**di**［ディ］と組み合わせ、tiba di＋場所名 で「～に到着する」と覚えるといいでしょう。

Jam《ジャム》 setengah《ストゥんガハ》 tujuh《トゥゥジュゥフ》.

6時半です。

「～時半」の言い方は、慣れるまで少し難しいかもしれません。jam setengah［ジャム　ストゥんガハ］＋実際の時刻の数プラス１の数字 です。「8時半」は**jam setengah 9 (sembilan)**［ジャム　ストゥんガハ　スムビらン］。**setengah**は「半分」という意味です。

Dari《ダリ》 kantor《カントル》 sampai《サムパイ》 bandara《バンダラ》 kira《キラ》-kira《キラ》 berapa《ブラパ》 lama《らマ》?

オフィスから空港までだいたいどのくらいかかりますか？

dari［ダリ］＋A＋sampai［サムパイ］＋B で、「AからBまで」という意味です。**dari**は「から」という前置詞で、**sampai**［サムパイ］は「まで」という意味ですが、「届く」「着く」という意味でも使います。**kira-kira**［キラキラ］は「だいたい」、また答えの文に使われている**sekitar**［スキタル］は「およそ」という意味です。

Kalau《カらウゥ》 macet《マチェット》, mungkin《ムゥんキン》 dua《ドゥア》 jam《ジャム》.

もしも渋滞していれば、おそらく2時間でしょう。

Kalau［カらウゥ］＋A, mungkin［ムゥんキン］＋B で、「もしAならば、おそらくB」。**kalau**は「もし～ならば」、**mungkin**は「おそらく」。

いろいろな表現

Track 35

Pukul《プゥクゥる》 berapa《ブラパ》 sekarang《スカらん》? 今、何時ですか?

ダイアローグで学習した時刻をたずねる表現のほかに、**pukul**［プゥクゥる］「打つ、叩く」を使う表現もあります。どちらも「何時ですか?」という意味ですが、**Pukul berapa?**［プゥクゥる　ブラパ］の方がフォーマルな場面で使われます。日常会話では**Jam berapa?**を使います。

Jam《ジャム》 lima《りマ》 lewat《れワッㇳ》 seperempat《スプルムパッㇳ》. 5時15分です。

「15分」は1時間の「4分の1」に相当するので、分数の1/4である**seperempat**［スプルムパッㇳ］を使います。**lewat**［れワッㇳ］は「過ぎる」という意味で、**lewat seperempat**で「15分過ぎ」という意味です。**jam＋数字＋ lewat seperempat**で「～時15分」となります。

Jam《ジャム》 delapan《ドゥらパン》 kurang《クゥらん》 seperempat《スプルムパッㇳ》. 7時45分です。

「45分」は「次の時間まで15分足りない」と表現します。**kurang**［クゥらん］は「足りない」という意味です。**kurang seperempat**で「15分足りない」という意味になり、**jam＋実際の時刻の数プラス1の数字＋ kurang seperempat**で「～時45分」となります。

Dari《ダリ》 Jakarta《ジャカルタ》 sampai《サムパイ》 Tokyo《トキオ》 berapa《ブラパ》 jam《ジャム》?
ジャカルタから東京まで何時間ですか?

時刻をたずねるフレーズの語順を逆にすると、時間の長さをたずねる意味になります。**Jam berapa?**［ジャム　ブラパ］は「何時ですか?」、**Berapa jam?**［ブラパ　ジャム］は「何時間ですか?」です。

Barangkali《バらんカり》 besok《ベソッㇰ》 hujan《フゥジャン》. 多分、明日は雨でしょう。

barangkali［バらんカり］は「多分」という意味で、**mungkin**［ムゥんキン］と同様に推測の表現に使います。

数字の使い方（時刻、分数、少数）

(1) 時刻の言い方

Track 36

1:00 **jam satu** [ジャム　サトゥゥ]

1:05 **jam satu lewat lima menit** [ジャム　サトゥゥ　れワット　りマ　ムニット]

1:15 **jam satu lewat seperempat** [ジャム　サトゥゥ　れワット　スプルムパット]
または**jam satu lewat lima belas menit** [ジャム　サトゥゥ　れワット　りマ　ブらス　ムニット]

1:30 **jam setengah dua** [ジャム　ストゥんガハ　ドゥゥア]
または**jam satu lewat tiga puluh menit** [ジャム　サトゥゥ　れワット　ティガ　プゥるゥフ　ムニット]

1:40 **jam satu lewat empat puluh menit** [ジャム　サトゥゥ　れワット　ウムパット　プゥるゥフ　ムニット]

1:45 **jam dua kurang seperempat** [ジャム　ドゥゥア　クゥらん　スプルムパット]
または**jam satu lewat empat puluh lima menit** [ジャム　サトゥゥ　れワット　ウムパット　プゥるゥフ　りマ　ムニット]

1:55 **jam dua kurang lima menit** [ジャム　ドゥゥア　クゥらん　りマ　ムニット]
または**jam satu lewat lima puluh lima menit** [ジャム　サトゥゥ　れワット　りマ　プゥるゥフ　りマ　ムニット]

(2) 分数の読み方

分数は、分子→棒→分母の順に読みます。棒は**per** [プル] と読みます。

1/2 **seperdua** [スプルドゥゥア]
1/3 **sepertiga** [スプルティガ]
2/5 **dua perlima** [ドゥゥア　プルりマ]

(3) 少数の読み方

少数点は「,」を使い、**koma** [コマ] と読みます。

2,5 **dua koma lima** [ドゥゥア　コマ　りマ]
3,14 **tiga koma satu empat** [ティガ　コマ　サトゥゥ　ウハパット]

Pelajaran 10

あなたの家族はどこに住んでいますか？

Keluarga Bapak tinggal di mana?

Track 37

Rahayu **Keluarga《クるゥアルガ》 Bapak《バパッㇰ》 tinggal《ティんガる》 di《ディ》 mana《マナ》?**

Tomoya **Keluarga《クるゥアルガ》 saya《サヤ》 tinggal《ティんガる》 di《ディ》 Osaka《オサカ》.**

Rahayu **Kapan《カパン》 Bapak《バパッㇰ》 pindah《ピンダㇵ》 ke《ク》 Jakarta《ジャカルタ》?**

Tomoya **Saya《サヤ》 pindah《ピンダㇵ》 ke《ク》 Jakarta《ジャカルタ》 lima《りマ》 tahun《タフゥン》 yang《ヤん》 lalu《らるゥ》.**

Rahayu **Keluarga《クルゥアルガ》 Bapak《バパッㇰ》 datang《ダタん》 ke《ク》 Jakarta《ジャカルタ》?**

Tomoya **Ya.《ヤ》 Ada《アダ》 pesawat《プサワッㇳ》 langsung《らんスゥん》 dari《ダリ》 Osaka《オサカ》.**

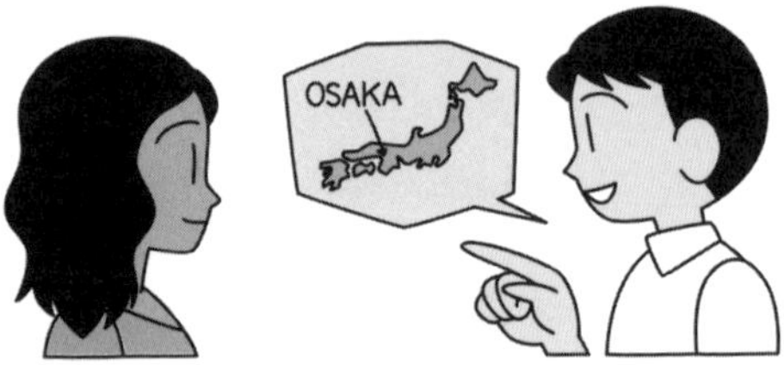

ラハユ　あなたのご家族はどこにお住まいですか？
智也　私の家族は大阪に住んでいます。
ラハユ　いつあなたはジャカルタに引っ越していらっしゃいましたか？
智也　私は５年前にジャカルタに引っ越しました。
ラハユ　あなたのご家族はジャカルタにいらっしゃいますか？
智也　はい。大阪から直行便があります。

Keluarga《クるゥアルガ》 Bapak《バパック》 tinggal《ティんガる》 di《ディ》 mana《マナ》?

あなたのご家族はどこにお住まいですか？

tinggal [ティんガる] は「住む」「とどまる」という意味の動詞です。人名＋**tinggal di mana?** [ティんガる　ディ　マナ] は住む場所をたずねる定番のフレーズで、「～さんはどこにお住まいですか？」という意味です。**mana** は、「どれ」という意味ですが **di mana** は「どこに、どこで」という意味になり、地名や場所名をたずねる時に使います。

Keluarga《クるゥアルガ》 saya《サヤ》 tinggal《ティんガる》 di《ディ》 Osaka《オサカ》.

私の家族は大阪に住んでいます。

tinggal di [ティんガる　ディ] ＋場所名・地名 を使い、住む場所を答えます。答える時は、上の疑問文の **mana** の部分に具体的な地名などを入れます。

Kapan《カパン》 Bapak《バパック》 pindah《ピンダハ》 ke《ク》 Jakarta《ジャカルタ》?

いつあなたはジャカルタに引っ越していらっしゃいましたか？

pindah [ピンダハ] は「引っ越す、移る」という意味の動詞です。**pindah ke** ＋場所名 で「～へ引っ越す」となります。

Keluarga《クルゥアルガ》 Bapak《バパック》 datang《ダタん》 ke《ク》 Jakarta《ジャカルタ》?

あなたのご家族はジャカルタにいらっしゃいますか？

datang ke [ダタん　ク] ＋場所名・地名 で「～へ来る」となります。

Ada《アダ》 pesawat《プサワット》 langsung《らんスゥん》 dari《ダリ》 Osaka《オサカ》.

大阪から直行便があります。

ada [アダ] は「ある、いる」という意味の動詞です。**ada** ＋物の名前・人名 で「～がある、～がいる」となります。

いろいろな表現

Track 38

Setiap《スティアップ》 hari《ハリ》 jam《ジャム》 berapa《ブラパ》 Anda《アンダ》 bangun《バんグゥン》? 毎日あなたは何時に起きますか？

bangun [バんグゥン] は「起きる」という意味です。**bangun** を **tidur** [ティドゥゥル]「寝る」に置き換えれば、「毎日あなたは何時に寝ますか？」となります。

Kami《カミ》 naik《ナイッㇰ》 pesawat《プサワッㇳ》 Garuda《ガルゥダ》. 私たちはガルーダ機に乗ります。

naik [ナイッㇰ] は「乗る、上がる」という意味です。**naik** ＋乗り物名 で「～に乗る」となります。

Dia《ディア》 turun《トゥウルゥン》 kereta《クレタ》 di《ディ》 stasiun《スタスィウン》 Manggarai《マんガライ》.
彼はマンガライ駅で列車を降りました。

turun [トゥウルゥン] は「降りる、降る、下がる」という意味です。**naik** と **turun** をセットで覚えると便利です。**Besok turun hujan.** [ベソッㇰ　トゥウルゥン　フゥジャン]「明日、雨が降るでしょう」などのように使うことができます。

Saya《サヤ》 tidak《ティダッㇰ》 makan《マカン》, tetapi《トゥタピ》 minum《ミヌゥム》 kopi《コピ》 saja《サジャ》.
私は食事をせず、コーヒーだけを飲みます。

すでに学習した **makan** [マカン]「食べる、食事をする」や **minum** [ミヌゥム]「飲む」はよく使われる単語です。**makan** だけでは「食事をする」という意味ですが、**makan** ＋食品名 で「～を食べる」となります。**Anak-anak makan buah-buahan.** [アナッㇰ　アナッㇰ　マカン　ブゥアㇵ　ブゥアハン]「子供たちは果物を食べます」、**Orang dewasa minum minuman keras.** [オラん　デワサ　ミヌゥム　ミヌゥマン　クラス]「大人はお酒を飲みます」などのように使います。

この課のポイント

語根動詞、場所を表す前置詞

Track 39

(1) 語根動詞

インドネシア語の動詞には、何もつけずそのまま（語根のまま）動詞として使うものと、接頭辞や接尾辞をつけて使う動詞があります。一般に、語根のままで使われる動詞を語根動詞と言い、数はあまり多くありませんが、日常生活でごく普通にする動作の単語が多くあります（文法編　P.130参照）。

(2) 動詞の時制

動詞は、英語のように時制による語尾変化をしません。日常会話では、話の流れから時制を限定して解釈します。しかし、書き言葉では通常、時制を限定するための助動詞を用いることが一般的です（文法編　P.136参照）。

(3) 人称と動詞

インドネシア語の動詞は、行為をする人の人称によっても語尾変化しません。誰の行為であっても、また単数でも複数でも動詞の形は変わりません。

Saya《サヤ》 **tidur**《ティドゥゥル》 **di**《ディ》 **sofa**《ソファ》. 私はソファで寝ます。

Anda《アンダ》 **tidur**《ティドゥゥル》 **di**《ディ》 **ranjang**《ランジャん》. あなたはベッドで寝ます。

Dia《ディア》 **tidur**《ティドゥゥル》 **di**《ディ》 **bangku**《バんクゥ》. 彼はベンチで寝ます。

Mereka《ムレカ》 **tidur**《ティドゥゥル》 **di**《ディ》 **lantai**《らンタイ》. 彼らは床に寝ます。

(4) 場所を表す前置詞

場所を表す前置詞です。動詞と組み合わせて覚えると便利です。

di《ディ》 ～に、～で	**Saya**《サヤ》 **singgah**《スィんガハ》 **di**《ディ》 **bank**《バん》.	私は銀行に立ち寄ります。
ke《ク》 ～へ	**Mereka**《ムレカ》 **pergi**《プルギ》 **ke**《ク》 **mana**《マナ》**?**	彼女たちはどこへ行きましたか？
dari《ダリ》 ～から	**Dia**《ディア》 **datang**《ダタん》 **dari**《ダリ》 **Indonesia**《インドネスィア》.	彼はインドネシアから来ました。

Pelajaran

11

私の家族や親戚が デンパサールに集まります

Keluarga dan kerabat saya berkumpul di Denpasar.

Track 40

Rahayu **Keluarga《クるゥアルガ》 dan《ダン》 kerabat《クラバッㇳ》 saya《サヤ》 berkumpul《ブルクゥムプゥる》 di《ディ》 Denpasar《デンパサル》.**

Besok《ベソッㇰ》 pagi《パギ》, saya《サヤ》 berangkat《ブラんカッㇳ》 ke《ク》 Bali《バり》.

Tomoya **Pasti《パスティ》 senang《スナん》, ya《ヤ》.**

Rahayu **Saya《サヤ》 bertemu《ブルトゥムゥ》 dengan《ドゥンガン》 teman《トゥマン》 kuliah《クゥりアㇵ》 saya《サヤ》 juga《ジュゥガ》.**

Tomoya **Apakah《アパカㇵ》 teman《トゥマン》 Ibu《イブゥ》 sudah《スゥダㇵ》 bekerja《ブクルジャ》?**

Rahayu **Ya《ヤ》, mereka《ムレカ》 semuanya《スムゥアニャ》 bekerja《ブクルジャ》 di《ディ》 Bali《バり》.**

Tomoya **Selamat《スらマッㇳ》 berlibur《ブルりブゥル》!**

ラハユ　私の家族や親戚がデンパサールに集まります。
明朝、私はバリへ出発します。
智也　きっと楽しいですね。
ラハユ　私は学生時代の友人とも会います。
智也　あなたの友達は働いていらっしゃるのですか？
ラハユ　はい、彼女たちはみんなバリで働いています。
智也　よい休暇をお過ごしください！

Keluarga《クるゥアルガ》 dan《ダン》 kerabat《クラバット》 saya《サヤ》 berkumpul《ブルクゥムプゥる》 di《ディ》 Denpasar《デンパサル》.

私の家族や親戚がデンパサールに集まります。

berkumpul［ブルクゥムプゥる］は「集まる」という意味の動詞です（**ber-** + **kumpul**［クゥムプゥる］）。この単語は**ber-**の有無で意味に変化はありません。このような単語の場合は、**ber-**をつければフォーマルな言葉遣いになります。

Pasti《パスティ》 senang《スナん》, ya《ヤ》.

きっと楽しいですね。

pasti［パスティ］は「きっと、確実な」という意味です。**pasti**［パスティ］＋様子や動作を表す単語で「きっと（様子）だ、きっと（動作）する」という表現ができます。

Saya《サヤ》 bertemu《ブルトゥムゥ》 dengan《ドゥンガン》 teman《トゥマン》 kuliah《クゥりアハ》 saya《サヤ》 juga《ジュゥガ》.

私は学生時代の友人とも会います。

bertemu［ブルトゥムゥ］は「会う」という意味の動詞です（**ber-** + **temu**［トゥムゥ］）。通常「会う」という意味で使う場合、**temu**だけでは用いられず**bertemu**の形で使われます。「〜と会う」という場合、前置詞**dengan**［ドゥンガン］「〜と」を伴うので、**bertemu dengan**をセットで覚えると便利です。次の文に出てくる**bekerja**［ブクルジャ］は「働く、仕事をする」という意味の動詞です（**be-** + **kerja**［クルジャ］）。**kerja**は「仕事」という意味ですが、**be-**をつけると動詞になり、意味も変化します。

Selamat《スらマット》 berlibur《ブルりブゥル》 !

よい休暇をお過ごしください！

berlibur［ブルりブゥル］は「休暇を過ごす」という意味の動詞です（**ber-** + **libur**［りブゥル］）。**libur**は「休暇」という意味で、**ber-**をつけると動詞になり、意味も変化します。**Selamat**［スらマット］＋動詞で「よい〜を、よい〜ができますように」という表現ができます。**Selamat berakhir pekan!**［スらマット ブルアックヒル プカン］「よい週末を」

いろいろな表現

Track 41

Sebelum《スブるゥム》 pindah《ピンダハ》 ke《ク》 Jakarta《ジャカルタ》, saya《サヤ》 belajar《ブらジャル》 bahasa《バハサ》 Indonesia《インドネスィア》 di《ディ》 Tokyo《トキオ》 selama《スらマ》 tiga《ティガ》 bulan《ブゥらン》.

ジャカルタへ引っ越してくる前、私は3カ月間東京でインドネシア語を学びました。

belajar［ブらジャル］という単語は、「学習する、学ぶ、習う」という意味の動詞で、**bel**［ブる］-＋**ajar**［アジャル］から成り立っています。語根は「教える」という意味ですが、接頭辞**bel-**をつけると意味が変わります。**selama**［スらマ］は「～の間」という意味です。

Sopir《ソピル》 saya《サヤ》 bersepeda《ブルスペダ》 motor《モトル》 ke《ク》 rumah《ルゥマハ》 saya《サヤ》.

私のドライバーは、私の家へバイクに乗って来ます。

bersepeda motor［ブルスペダ　モトル］は「バイクに乗る」という意味です（**ber-**＋**sepeda motor**［スペダ　モトル］）。**sepeda motor**は「オートバイ」という意味の名詞です。**ber-**＋乗り物名で、その「乗り物に乗る」という意味に変化します。

Pegawai《プガワイ》 kantor《カントル》 itu《イトゥゥ》 berkemeja《ブルクメジャ》 batik《バティック》.

その会社員は、バティックのシャツを着ています。

berkemeja batik［ブルクメジャ　バティック］は「バティックのシャツを着る」という意味です（**ber-**＋**kemeja batik**［クメジャ　バティック］）。**ber-**＋衣類、物の名前などで、「その名詞を着用する、用いる、持っている」という意味に変化します。

Pohon《ポホン》 pisang《ピサん》 ini《イニ》 berbuah《ブルブゥアハ》.　このバナナの木は、実がなっています。

berbuah［ブルブゥアハ］は「実がなる」という意味です（**ber-**＋**buah**［ブゥアハ］）。**ber-**＋物の名前で、「～（名詞）を出す、生み出す」という意味に変化します。

この課のポイント

接頭辞ber-

接頭辞**ber-**［ブル］の機能をマスターしましょう。接頭辞**ber-**は、自動詞を作る機能をもつ接頭辞です。

(1) 接頭辞ber-

この接頭辞は、自動詞を作る機能をもっています。語根の先頭文字により、**ber-**には３つの綴りのパターンがあります（文法編　P.131参照）。

(2) ber-の派生語の意味

単語例は文法編　P.131参照。

①語根が動詞の場合（その１）：**ber-**の有無により、それぞれの単語の意味に変化があることはまれです。変化しない場合、接頭辞をつければフォーマルな言葉遣いです。

②語根が動詞の場合（その２）：まれに意味が変化するものもあります。

berada［ブルアダ］	滞在する	**ada**［アダ］	ある、いる
belajar［ブらジャル］	学ぶ、学習する	**(meng)ajar**［ムンガジャル / アジャル］	教える

③**ber-**＋衣類、身に付ける物：語根の名詞を「着用する」「用いる」と言う意味に変化。

④**ber-**＋物の名前（１）：語根の名詞を「持っている」という意味に変化。

⑤**ber-**＋物の名前（２）：語根の名詞を「生み出す」「出す」という意味に変化。

⑥**ber-**＋乗り物名：語根の名詞に「乗る」「運転する」という意味に変化。

⑦**ber-**＋立場などを表す名詞：語根の名詞と「関係がある」という意味に変化。

⑧**ber-**＋抽象名詞：語根の名詞を「する」「行為をする」という意味に変化。

⑨**ber-**＋形容詞：語根の形容詞の「状態にある」という意味に変化。

⑩**ber-**＋数詞：語根の数詞が表す「合計」を意味します。ただし、**bersatu**［ブルサトゥウ］は、「１つにまとまる」「団結する」という意味の動詞に変化します。

Pelajaran

12

昨夜、妻からメールを受信しました

Tadi malam saya menerima e-mail dari istri saya.

Track 42

Tomoya **Tadi《タディ》 malam《マラム》 saya《サヤ》 menerima《ムヌリマ》 e-mail《イメる》 dari《ダリ》 istri《イストゥリ》 saya.《サヤ》 Katanya《カタニャ》 akhir《アッㇰヒル》 tahun《タフゥン》 ini《イニ》 dia《ディア》 datang《ダタん》 ke《ク》 Jakarta《ジャカルタ》 dan《ダン》 mau《マウゥ》 berjalan-jalan《ブルジャラン ジャラン》 ke《ク》 Bali.《バり》 Menurut《ムヌゥルゥッㇳ》 dia,《ディア》 dia《ディア》 mengambil《ムンガムビる》 cuti《チュゥティ》 selama《スらマ》 satu《サトゥゥ》 bulan.《ブゥらン》**

Rahayu **Wah,《ワㇵ》 bagus!《バグゥス》**

Selama《スらマ》 berada《ブルアダ》 di《ディ》 Jakarta,《ジャカルタ》 saya《サヤ》 mau《マウゥ》 mengajak《ムンガジャッㇰ》 istri《イストゥリ》 Bapak《バパッㇰ》 ke《ク》 Puncak.《プゥンチャッㇰ》

智也　昨夜、妻からメールを受信しました。
今年の年末、彼女はジャカルタに来て、バリを旅行したいそうです。彼女によると、彼女は１カ月間休暇を取りました。

ラハユ　わ～、素晴らしい！
ジャカルタにいらっしゃる間、私は奥様をプンチャックにお誘いしたいです。

Tadi《タディ》 malam《マラム》 saya《サヤ》 menerima《ムヌリマ》 e-mail《イメる》 dari《ダリ》 istri《イストゥリ》 saya《サヤ》.

昨夜、妻からメールを受信しました。

主語＋**menerima**［ムヌリマ］＋目的語＋**dari**［ダリ］～で「(主語) は～から (目的語) を受け取る」となります。**menerima**は「受け取る」という意味の動詞で、語根は**terima**［トゥリマ］「受け取る」です。**Saya menerima balasan e-mail dari kantor pusat.**［サヤ　ムヌリマ　バらサン　イメる　ダリ　カントル　プゥサット］「私は本社からの返信メールを受け取りました」

Katanya《カタニャ》 akhir《アッㇰヒル》 tahun《タフゥン》 ini《イニ》 dia《ディア》 datang《ダタん》 ke《ク》 Jakarta《ジャカルタ》 dan《ダン》 mau《マウゥ》 berjalan-jalan《ブルジャらン　ジャらン》 ke《ク》 Bali《バり》.

今年の年末、彼女はジャカルタに来て、バリを旅行したいそうです。

katanya［カタニャ］は「～だそうだ」という意味で、伝聞の表現に使います。日常よく使われる単語です。**Katanya perusahaan Jepang itu mencari tenaga kerja.**［カタニャ　プルゥサハアン　ジュパん　イトゥゥ　ムンチャリ　トゥナガ　クルジャ］「あの日本企業は従業員を募集しているそうです」のように使います。次の文に出てくる**menurut**［ムヌゥルゥット］は「～によると」という意味で、**katanya**と同じく日常よく使われる単語です。**menurut**＋人名、情報源などという形で使います。

Selama《スらマ》 berada《ブルアダ》 di《ディ》 Jakarta《ジャカルタ》, saya《サヤ》 mau《マウゥ》 mengajak《ムンガジャッㇰ》 istri《イストゥリ》 Bapak《バパッㇰ》 ke《ク》 Puncak《プゥンチャッㇰ》.

ジャカルタにいらっしゃる間、私は奥様をプンチャックにお誘いしたいです。

mengajak［ムンガジャッㇰ］は「誘う」という意味の動詞です。**mengajak**＋人名で「～を誘う」となります。ここでは希望を表す助動詞**mau**［マウゥ］「～したい」と組み合わせて使っています。**mau mengajak**＋人名で「～を誘いたい」となります。

いろいろな表現

Track 43

Saya《サヤ》 membeli《ムムブり》 mobil《モビる》 baru《バルゥ》. 私は新車を買います。

membeli [ムムブり] は「買う」という動詞です。語根は**beli** [ブり] で、意味は「買う」です。接頭辞**me-** [ム] ＋動詞 では、多くの場合、**me-**の有無によって意味の変化が起こらないのが特徴です。

Sopir《ソピル》 lupa《るゥパ》 mengunci《ムングゥンチ》 pintu《ピントゥゥ》 mobil《モビる》.
ドライバーは車のドアに鍵をかけ忘れました。

mengunci [ムングゥンチ] は「鍵をかける」という動詞です。語根は**kunci** [クゥンチ] で、意味は「鍵」という名詞です。接頭辞**me-** ＋名詞 では、派生語は語根の名詞の意味を損ねない範囲で、「（名詞）で～する、（名詞）のようになる、（名詞）へ向かう、（名詞）を飲む・吸う」などのように意味が変化します。

Kalau《カらウゥ》 memakai《ムマカイ》 sabun《サブゥン》 mandi《マンディ》 ini《イニ》, kulit《クゥりット》 memutih《ムムゥティヒ》.
この浴用石鹸を使えば、肌が白くなります。

memutih [ムムゥティヒ] は「白くなる」という動詞です。語根は**putih** [プゥティヒ] で、意味は「白い」という形容詞です。接頭辞**me-** ＋形容詞 では、**me-**がつくことにより、その派生語は語根の形容詞の状態になるという意味に変化します。

この課のポイント

接頭辞 me-、助動詞

Track 44

⑴ 接頭辞 me-［ム］

me- は他動詞を作る機能をもつ接頭辞です。綴りの変化が多いため、
規則を覚えなければ辞書で単語を調べることができません。**me-** は、全部で6通りの形があります。ここでは代表的な3つの機能を紹介します（文法編　P.132 参照）。

①語根が動詞の場合：**me-** の有無により、それぞれの単語の意味は変化しません。接頭辞をつければフォーマルな言葉遣いです。

memanggil［ムマんギる］　呼ぶ　←　**panggil**［パんギる］　呼ぶ

②語根が名詞の場合：「～を作る」「～で～をする」「～のようになる」「～へ向かう」「～を飲む、吸う」「～として生きる」という意味に変化します。

menggunting［ムんグゥンティん］　ハサミで切る
←　**gunting**［グゥンティん］　ハサミ

③語根が形容詞の場合：その形容詞の「状態になる」という意味に変化します。

membesar［ムムブサル］　大きくなる　←　**besar**［ブサル］　大きい

⑵ 希望、可能、許可、義務、必要を表す助動詞

助動詞を動詞と組み合わせて、さまざまなニュアンスを加えることができます。

mau《マウゥ》, **ingin**《インギン》 希望：したい	**Saya**《サヤ》 **mau**《マウゥ》 **memakai**《ムマカイ》 **baju**《バジュゥ》 **tradisional**《トゥラディスィオナる》 **Indonesia**《インドネスィア》. 私はインドネシアの伝統衣装を着たいです。
bisa《ビサ》, **dapat**《ダパット》 可能：できる	**Rekan**《ルカン》 **saya**《サヤ》 **bisa**《ビサ》 **berbahasa**《ブルバハサ》 **Tionghua**《ティオんフゥア》. 私の同僚は中国語を話すことができます。
boleh《ボれへ》 許可：してもよい	**Anda**《アンダ》 **boleh**《ボれへ》 **check in**《チェックイン》 **sekarang**《スカラん》. あなたは今チェックインしてもよいです。
harus《ハルゥス》 義務：しなければならない	**Saya**《サヤ》 **harus**《ハルゥス》 **kembali**《クムバり》 **ke**《ク》 **kantor**《カントル》. 私はオフィスに戻らなければなりません。
perlu《プルるゥ》 必要：必要である	**Anda**《アンダ》 **perlu**《プルるゥ》 **beristirahat**《ブルイスティラハット》. あなたは休憩する必要があります。

助動詞の否定は **tidak**［ティダック］＋助動詞 となります。

Pelajaran 13

私の車を洗車してください

Tolong cuci mobil saya.

Track 45

Tomoya **Tolong《トろん》 cuci《チュゥチ》 mobil《モビる》 saya《サヤ》.**

Tolong《トろん》 ganti《ガンティ》 sarung《サルゥん》 kursi《クゥルスィ》 juga《ジュゥガ》.

Sopir **Baik《バイッㇰ》, Bapak《バパッㇰ》.**

Tomoya **Selesai《スるサイ》 itu《イトゥゥ》, tolong《トろん》 antar《アンタル》 tamu《タムゥ》 ke《ク》 pabrik《パブリッㇰ》.**

Sopir **Minta《ミンタ》 uang《ウゥアん》 untuk《ウゥントゥッㇰ》 isi《イスィ》 bensin《ベンスィン》, Bapak《バパッㇰ》.**

Tomoya **Tolong《トろん》 isi《イスィ》 penuh《プヌゥㇷ》, soalnya《ソアるニャ》 besok《ベソッㇰ》 tamu《タムゥ》 pergi《プルギ》 ke《ク》 Bandung《バンドゥん》.**

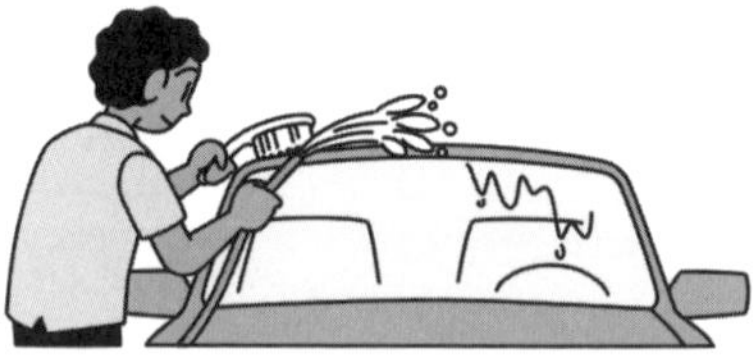

智也　私の車を洗車してください。
座席カバーも交換してください。

ドライバー　わかりました。

智也　それが終わったら、お客さんを工場に送ってください。

ドライバー　ガソリンを入れるお金をください。

智也　満タンに入れてください。というのは、明日、お客さんがバンドゥンへ行きますので。

Tolong《トろん》 cuci《チュゥチ》 mobil《モビる》 saya.《サヤ》 私の車を洗車してください。

tolong［トろん］は「助ける、手伝う」。Tolong＋動詞 で、「～をしてください」という意味になり、話し相手に何かを依頼する時に使います。

Selesai《スるサイ》 itu,《イトゥゥ》 tolong《トろん》 antar《アンタル》 tamu《タムゥ》 ke《ク》 pabrik.《パブリック》

それが終わったら、お客さんを工場に送ってください。

selesai［スるサイ］は「終わる、出来上がる、完了する」という意味です。selesai＋終える事柄 で「～が終わる」という表現ができます。

Minta《ミンタ》 uang《ウゥアん》 untuk《ウゥントゥック》 isi《イスィ》 bensin,《ベンスィン》 Bapak.《バパック》

ガソリンを入れるお金をください。

minta［ミンタ］は「乞う、求める、くれと言う」という意味です。これは、相手から何か物などをもらいたい時に使います。Minta＋欲しい物や事柄 で「～をください」という表現ができます。

Tolong《トろん》 isi《イスィ》 penuh,《プヌゥフ》 soalnya《ソアるニャ》 besok《ベソック》 tamu《タムゥ》 pergi《プルギ》 ke《ク》 Bandung.《バンドゥん》

満タンに入れてください。というのは、明日、お客さんがバンドゥンへ行きますので。

me-動詞の場合、Tolong mengisi ...［トろん　ムんギスィ］ではなく、上のようにTolong isi ...［トろん　イスィ］となります。tolong + me-動詞 のパターンでは、me-は外して使います。penuh［プヌゥフ］は「いっぱいに溢れている」という意味です。日常会話ではpenuhの代わりに英語の*full*［フゥる］もよく使われています。soalnya［ソアるニャ］は、その直前の話の内容の理由を補完するために用いられ、「というのは」「実は」という意味です。

いろいろな表現

Track 46

Silakan《スィらカン》 masuk.《マスゥッㇰ》 どうぞお入りください。

silakan [スィらカン] は「どうぞ」という意味で、話し相手に何かを勧める時に使います。**Silakan**＋動詞 で「どうぞ～をしてください」という表現ができます。**Silakan minum kopi.** [スィらカン ミヌゥム コピ]「コーヒをお飲みください」、**Silakan duduk.** [スィらカン ドゥウドゥウッㇰ]「どうぞお掛けください」、**Silakan beristirahat.** [スィらカン ブルイスティラハッㇳ]「どうぞご休憩なさってください」などのように使います。

Coba《チョバ》 bertanya《ブルタニャ》 kepada《クパダ》 Satpam《サッㇳパム》 itu.《イトゥゥ》 あの警備員に聞いてごらんなさい。

coba [チョバ] は「試す」という意味で、話し相手に何かを試すよう勧める時に使います。**Coba**＋動詞 で「～してごらんなさい」という意味になります。**coba**は先に学習した**tolong** 同様、もともとが動詞ですので、**coba**に後続する**me-**動詞は、接頭辞**me-**を外したものを使います。**Coba mengunduh aplikasi di *smartphone* mu.** [チョバ ムングゥンドゥㇷ アプリカスィ ディ スマルㇳフォンム]「君のスマホにアプリをダウンロードしてごらんなさい」のように使います。

Mari《マリ》 kita《キタ》 makan.《マカン》 さあ、食べましょう。

mari kita [マリ キタ] は「～しましょう」という意味で、自分と相手が一緒に何かをする時に使います。**Mari kita**＋動詞 で、「さあ、～しましょう」と表現できます。例文は、食前に使われるフレーズです。**kita**は会話でよく省略されます。**Mari pergi.** [マリ プルギ]「さあ、行きましょう」、**Mari mendengar presentasi beliau.** [マリ ムンドゥンガル プレセンタスィ ブりアウゥ]「あの方のプレゼンテーションを聞きましょう」のように使います。会話では**mari**の代わりに**ayo** [アヨ] を用いることも多いです。**Ayo kita minum.** [アヨ キタ ミヌゥム]「さあ、飲みましょう」のように使います。

この課のポイント

命令の表現

この課では、命令の表現を覚えましょう。

Track 47

(1) いわゆる命令表現「～しなさい！」

動詞一語だけで用いると「～しなさい！」という強い命令表現になります。ただし、優しい口調で言えば、強い命令という印象は与えません。語尾に **-lah**［らハ］をつけると、丁寧な命令になります。

Keluar!［クるゥアル］ 出て行け！　　**Masuklah!**［マスゥッㇰらハ］ 入りなさい。

(2) 相手に何かを依頼する表現

Tolong［トろん］＋動詞 :「～してください」 **Tolong**＋動詞 のパターンでは、接頭辞 **me-**［ム］の動詞は、**me-** を外して使います。

Tolong《トろん》 **tulis**《トゥゥりス》 **nama**《ナマ》 **di sini**《ディスィニ》. ここに名前をお書きください。

Tolong《トろん》 **ambil**《アムビる》 **foto**《フォト》. 写真を撮ってくださいませんか。

(3) 相手に何かを要求する表現

Minta［ミンタ］＋欲しい物や事柄 :「～をください」

Minta《ミンタ》 **obat**《オバッㇳ》 **nyamuk**《ニャムゥッㇰ》 **bakar**《バカル》. 蚊取り線香をください。

(4) 相手に何かを勧める表現

Silakan［スィらカン］＋動詞 :「どうぞ○○してください」

(2)の **tolong** は、自分の益のために依頼する表現に対し、**silakan** は、相手のために勧める場合に使う表現です。使い分けに注意しましょう。

Silakan《スィらカン》 **ambil**《アムビる》 **sendiri**《スンディィリ》. どうぞご自分でお取りください。

(5) 相手にある行為を試すよう勧める表現

Coba［チョバ］＋動詞 :「～してごらんなさい」

coba に後続する **me-** 動詞は **me-** を外して使います。

Coba《チョバ》 **pakai**《パカイ》 **obat**《オバッㇳ》 **ini**《イニ》. この薬を使ってみてごらんなさい。

Pelajaran 14

今、出かけてはいけません

Jangan berangkat sekarang, Bapak.

Track 48

Rahayu **Jangan《ジャンガン》 berangkat《ブラんカッㇳ》 sekarang《スカラん》, Bapak《バパッㇰ》.**

Tomoya **Kenapa《クナパ》, Bu《ブゥ》?**

Rahayu **Karena《カルナ》 di《ディ》 luar《るゥアル》 hujan《フゥジャン》 lebat《るバッㇳ》.**

Tomoya **Ah《アㇵ》, saya《サヤ》 lapar《らパル》.**

Saya《サヤ》 makan《マカン》 kue《クゥエ》 basah《バサㇵ》 sisa《スィサ》 kemarin《クマリン》.

Rahayu **Jangan《ジャンガン》 makan《マカン》 kue《クゥエ》 basah《バサㇵ》 itu《イトゥゥ》.**

Pada《パダ》 umumnya《ウゥムゥムニャ》, kue《クゥエ》 basah《バサㇵ》 mudah《ムゥダㇵ》

rusak《ルゥサッㇰ》 di《ディ》 musim《ムゥスィム》 hujan《フゥジャン》.

ラハユ　今、出かけてはいけません。
智也　なぜですか？
ラハユ　なぜなら、外は大雨だからです。
智也　あぁ～、お腹がすいたなぁ。
昨日の残りの生菓子を食べよう。
ラハユ　その生菓子を食べてはいけません。
一般的に雨季は生菓子が腐りやすいです。

Jangan《ジャンガン》 berangkat《ブラんカット》 sekarang《スカラん》, Bapak《ババパック》.	今、出かけてはいけません。

jangan [ジャンガン] は「～するな」という意味で、禁止の表現に使います。**Jangan ＋動詞** で、**jangan** の後ろにある動詞が意味する動作をしてはいけない時に使います。

Kenapa《クナパ》, Bu《ブゥ》?	なぜですか？

kenapa [クナパ] は「なぜ」という意味の疑問詞で、理由をたずねる時に使います。**Kenapa Anda tidak suka durian?** [クナパ　アンダ　ティダック　スウカ　ドゥウリアン]「なぜあなたはドリアンが嫌いですか？」、**Kenapa Anda tidak masuk kerja kemarin?** [クナパ　アンダ　ティダック　マスック　クルジャ　クマリン]「なぜあなたは昨日欠勤したのですか？」

Karena《カルナ》 di《ディ》 luar《るゥアル》 hujan《フゥジャン》 lebat《るバット》.	なぜなら、外は大雨だからです。

karena [カルナ] は「なぜならば」という意味で、上の **kenapa** の質問に対する答えとして対で使われます。**karena** の後ろには、理由となる事柄を言います。例えば上の **Kenapa ...?** の答えとして、**Karena saya tidak suka baunya.** [カルナ　サヤ　ティダック　スウカ　バウゥニャ]「なぜなら、私は匂いが嫌いだからです」、**Karena kurang enak badan.** [カルナ　クゥラん　エナック　バダン]「なぜなら、体調があまりよくなかったからです」のように使います。

Pada《パダ》 umumnya《ウゥムゥムニャ》, kue《クゥエ》 basah《バサハ》 mudah《ムゥダハ》 rusak《ルゥサック》 di《ディ》 musim《ムゥスィム》 hujan《フゥジャン》.
一般的に雨季は生菓子が腐りやすいです。

pada umumnya [パダ　ウゥムゥムニャ] は「一般に」という意味です。物事を一般化して説明する場合によく使われる言い回しの一つです。**mudah** [ムゥダハ] は「容易な、簡単な」という意味で、**mudah ＋動詞** で「容易に～する、～しやすい」という表現ができます。**rusak** [ルゥサック] は「壊れる」という意味ですが、食べ物に関しては、「腐る」という意味で用いられます。

いろいろな表現

Track 49 よく使われる禁止表現を紹介します。

Jangan《ジャンガン》 membuang《ムムブゥアん》 sampah《サムパㇵ》 di《ディ》 sini《スィニ》.	ここにゴミを捨てないでください。
Jangan《ジャンガン》 parkir《パルキル》 di《ディ》 depan《ドゥパン》 pintu《ピントゥゥ》.	門の前に駐車しないでください。
Jangan《ジャンガン》 duduk《ドゥゥドゥゥッㇰ》 di《ディ》 lantai《らンタイ》.	床に座らないでください。
Jangan《ジャンガン》 merokok《ムロコッㇰ》.	タバコを吸わないでください。
Jangan《ジャンガン》 minum《ミヌゥム》 terlalu《トゥルらるゥ》 banyak《バニャッㇰ》.	飲み過ぎないでください。
Jangan《ジャンガン》 terlalu《トゥルらるゥ》 pedas《プダス》.	辛くし過ぎないでください。
Dilarang《ディらラん》 fotocopy《フォトコピ》.	禁複写。
Dilarang《ディらラん》 parkir《パルキル》 di《ディ》 sini《スィニ》.	ここへの駐車禁止。
Dilarang《ディらラん》 masuk《マスゥッㇰ》.	立ち入り禁止。
Dilarang《ディらラん》 merokok《ムロコッㇰ》.	禁煙。

禁止の表現

Track 50

(1) Jangan［ジャンガン］を使った禁止表現（やわらかい禁止表現）

Jangan＋禁止したいこと（動詞）！の表現は、口頭で禁止事項を伝える場合によく使われます。「～しないでください」という意味です。

Jangan《ジャンガン》 bergerak《ブルグラッㇰ》.　動かないでください。

Jangan《ジャンガン》 tergesa《トゥルグサ》-gesa《グサ》.　慌てないでください。

Jangan《ジャンガン》 menggunakan《ムんグゥナカン》 HP《ハーペー》 di《ディ》 sini《スィニ》.　ここで携帯電話を使わないでください。

Jangan《ジャンガン》 mandi《マンディ》 malam《マらム》-malam《マらム》.　夜遅くにマンディ（水浴び）をしないでください。

Jangan《ジャンガン》 matikan《マティカン》 AC《アーセー》.　エアコンを消さないでください。

Jangan《ジャンガン》 hidupkan《ヒドゥゥッㇷ゚カン》 AC.　エアコンをつけないでください。

(2) Dilarang［ディらラん］を使った禁止表現（強い禁止表現）

Dilarang＋禁止したいこと（動詞）！の表現は、どちらかといえば掲示によって禁止事項を伝える場合に使われます。「禁～！、～禁止！、～べからず！」という意味です。

Dilarang《ディらラん》 mengambil《ムンガムビる》 foto《フォト》 di《ディ》 dalam《ダらム》 mal《モる》.　モール内写真撮影禁止。

Dilarang《ディらラん》 menjual《ムンジュゥアる》 barang《バラん》 di《ディ》 daerah《ダエラㇵ》 ini《イニ》.　この地域での物販禁止。

Dilarang《ディらラん》 membawa《ムムバワ》 masuk《マスゥッㇰ》 benda《ブンダ》 berbahaya《ブルバハヤ》.　危険物持込禁止。

Dilarang《ディらラん》 membuang《ムムフゥアん》 sampah《サムパㇵ》 di《ディ》 sini《スィニ》.　ここにゴミの投棄禁止。

Pelajaran

15

ジャカルタ支店は日本から インストラクターを招きます

Kantor cabang Jakarta akan mendatangkan instruktur dari Jepang.

Track 51

Tomoya **Kantor《カントル》 cabang《チャバん》 Jakarta《ジャカルタ》 akan《アカン》 mendatangkan《ムンダタんカン》 instruktur《インストゥルクトゥゥル》 dari《ダリ》 Jepang《ジュパん》.**

Sekretaris **Saya《サヤ》 sudah《スゥダㇵ》 menyampaikan《ムニャムパイカン》 berita《ブリタ》 itu《イトゥゥ》 kepada《クパダ》 seluruh《スるゥルゥㇷ》 kepala《クパら》 bagian《バギアン》.**

Tomoya **Sebelum《スブるゥム》 Beliau《ブりアウゥ》 tiba《ティバ》 di《ディ》 Jakarta《ジャカルタ》, kita《キタ》 harus《ハルゥス》 menyelesaikan《ムニュるサイカン》 semua《スムゥア》 persiapan《プルスィアパン》.**

Sekretaris **Pak《パッㇰ》 Danan《ダナン》 menyiapkan《ムニィアッㇷ゚カン》 ruang《ルゥアん》 meeting《ミティん》 besok《ベソッㇰ》.**

Tomoya **Baik《バイッㇰ》.**

智也　ジャカルタ支店は日本からインストラクターを招きます。

秘書　私はそのニュースを全部長にお伝えしました。

智也　あの方がジャカルタに着く前に、我々はすべての準備を終えなければなりません。

秘書　明日、ダナンさんは会議室の準備をします。

智也　わかりました。

Kantor《カントル》 cabang《チャバん》 Jakarta《ジャカルタ》 akan《アカン》 mendatangkan《ムンダタんカン》 instruktur《インストゥルクトゥゥル》 dari《ダリ》 Jepang《ジュパん》.

ジャカルタ支店は日本からインストラクターを招きます。

mendatangkan〔ムンダタんカン〕は「招く、もたらす、呼び寄せる、取り寄せる」という意味で、語根はdatang〔ダタん〕「来る」です。datangを接頭辞me-〔ム〕と接尾辞-kan〔カン〕ではさんで意味を変化させています。mendatangkan＋物・人・事柄 で、「～を招く、もたらす」という表現ができます。

Saya《サヤ》 sudah《スゥダハ》 menyampaikan《ムニャムパイカン》 berita《ブリタ》 itu《イトゥゥ》 kepada《クパダ》 seluruh《スるゥルゥフ》 kepala《クパら》 bagian《バギアン》.

私はそのニュースを全部長にお伝えしました。

menyampaikan〔ムニャムパイカン〕は「伝える、届ける」という意味です。語根sampai〔サムパイ〕は「着く、届く」という意味で、menyampaikan＋伝える事柄 で「～を伝える」となります。

Sebelum《スブるゥム》 Beliau《ブりアウゥ》 tiba《ティバ》 di《ディ》 Jakarta《ジャカルタ》, kita《キタ》 harus《ハルゥス》 menyelesaikan《ムニュるサイカン》 semua《スムゥア》 persiapan《プルスィアパン》.

あの方がジャカルタに着く前に、我々はすべての準備を終えなければなりません。

menyelesaikan〔ムニュるサイカン〕は「終わらせる、片付ける、解決する」という意味です。語根はselesai〔スるサイ〕「終わる、出来上がる、完了する」です。menyelesaikan＋終わらせる事柄 で、「～を終わらせる、片付ける、解決する」となります。

いろいろな表現

Track 52

接頭辞**me-**と接尾辞**-kan**の両方を使う動詞の例を紹介します。

Saya《サヤ》 memasukkan《ムマスゥッㇰカン》 uang《ウゥアん》 ke《ク》 dalam《ダらム》 dompet《ドムペッㇳ》.
私は財布の中にお金を入れます。

memasukkan [ムマスゥッㇰカン] は「入れる」という意味です（語根**masuk** [マスゥッㇰ]「入る」)。**memasukkan** [ムマスゥッㇰカン] ＋入れる物の名前 で「～を入れる」となります。**Supir memasukkan mobil ke dalam garasi.** [スゥピル　ムマスゥッㇰカン　モビる　ク　ダらム　ガラスィ]「運転手は車を車庫に入れます」のように使います。

Pak《パッㇰ》 Danan《ダナン》 membukukan《ムムブゥクゥカン》 hasil《ハスィる》 survei《スゥルフェイ》 sampai《サムパイ》 dengan《ドゥンガン》 besok《ベソッㇰ》.
ダナンさんは明日までに調査結果を製本します。

membukukan [ムムブゥクゥカン] は「本にする」「本にして出版する」「帳簿に記入する」という意味です（語根**buku** [ブゥクゥ]「本」)。**membukukan** [ムムブゥクゥカン] ＋まとめる物の名前 で「～を本にする、～を帳簿に記入・記録する」となります。**Akuntan membukukan kerugian dan keuntungan pada pembukuan.** [アクゥンタン　ムムブゥクゥカン　クルゥギアン　ダン　クウゥントゥんガン　パダ　プムブゥクゥアン]「会計士は損益を帳簿に記入します」のように使います。

Yuli《ユゥり》 membersihkan《ムムブルスィカン》 kamar《カマル》 tidur《ティドゥゥル》.　ユリは寝室を掃除します。

membersihkan [ムムブルスィカン] は「掃除する､きれいに片付ける」という意味です（語根**bersih** [ブルスィ]「清潔な､きれいな」)。**membersihkan**＋片付ける物や場所名 で「～を掃除する、きれいに片付ける」となります。**Setiap hari Minggu pagi warga kota membersihkan jalan raya.** [スティアップ　ハリ　ミんグゥ　パギ　ワルガ　コタ　ムムブルスィカン　ジャらン　ラヤ]「毎日曜日の朝、市民は大通りを清掃します」のように使います。

この課のポイント

接頭辞me-＋接尾辞-kan

Track 53

この課では、接頭辞**me-**と接尾辞**-kan**の両方を同時に用いる動詞の特徴について学習します。

(1) **me-＋自動詞＋-kan**：「語根の表す行為のようにする」という意味の他動詞に変化。

turun ［トゥウルゥン］ 下がる・降りる

→ **menurunkan** ［ムヌゥルゥンカン］ 下げる・下ろす

lahir ［らヒル］ 生まれる → **melahirkan** ［ムらヒルカン］ 出産する

(2) **me-＋形容詞＋-kan**：「語根の形容詞の状態にする」という意味に変化。

panas ［パナス］ 暑い・熱い

→ **memanaskan** ［ムマナスカン］ 熱くする・熱を加える

berat ［ブラット］ 重い

→ **memberatkan** ［ムムブラットカン］ 重くする・負担をかける・負担になる

(3) **me-＋名詞＋-kan**：「語根の名詞の事柄や物を文中の目的語に与える」という意味に変化。

sekolah ［スコらハ］ 学校 → **menyekolahkan** ［ムニュウコらハカン］ 学校に入れる

cermin ［チュルミン］ 鏡

→ **mencerminkan** ［ムンチュルミンカン］ 映し出す・反映する

(4) **me-＋他動詞＋-kan**：「語根の表す行為を他者のためにする」という意味に変化。

membeli ［ムムブリ］ ～を買う

→ **membelikan** ［ムムブリカン］ （人）のために～を買う

(5) **特殊なme-kan動詞**：語根のまま、接頭辞**me-**のみをつけた場合、接頭辞**me-**と接尾辞**-kan**の両方をつけた場合とで、意味が大きく変化するものがあります。

sewa ［セワ］：**menyewa** ［ムニェワ］ 借りる **menyewakan** ［ムニェワカン］ 貸す

pinjam ［ピンジャム］：**meminjamu** ［ムミンジャム］ 借りる

meminjamkan ［ムミンジャムカン］ 貸す

tinggal ［ティんガる］ 住む：**meninggal** ［ムニんガる］ 死ぬ

meninggalkan ［ムニんガるカン］ ～をあとにする

bangun ［バングゥン］ 起きる：**membangun** ［ムムバングゥン］ 建てる

membangunkan ［ムムバングゥンカン］ 起こす

Pelajaran **16**

デモ隊が市庁舎に来ました

Demonstran mendatangi gedung wali kota.

Track 54

Rahayu **Demonstran《デモンストゥラン》 mendatangi《ムンダタンギ》 gedung《グドゥゥん》 wali《ワり》 kota《コタ》.**

Tomoya **Untuk《ウゥントゥウッㇰ》 apa《アパ》?**

Rahayu **Untuk《ウゥントゥウッㇰ》 memprotes《ムムプロテス》 peraturan《プラトゥゥラン》 baru《バルゥ》.**

Beberapa《ブブラパ》 orang《オラん》 menaiki《ムナイキ》 pagar《パガル》, dan《ダン》 sebagian《スバギアン》 orang《オラん》 memasuki《ムマスゥキ》 halaman《ハらマン》 gedung《グドゥゥん》 wali《ワり》 kota《コタ》.

Tomoya **Sampai《サムパイ》 kapan《カパン》 mereka《ムレカ》 menduduki《ムンドゥゥドゥゥキ》 halaman《ハらマン》?**

Rahayu **Saya《サヤ》 tidak《ティダッㇰ》 tahu《タフゥ》, Pak《パッㇰ》.**

ラハユ　デモ隊が市庁舎に来ました。
智也　何のために？
ラハユ　新しい規則に抗議するためです。
数人が垣根に上がり、また一部の人が市庁舎の庭に入りました。
智也　いつまで彼らは庭に座り込むのですか？
ラハユ　私は知りません。

Demonstran《デモンストゥラン》 mendatangi《ムンダタンギ》

mendatangi [ムンダタンギ] ＋訪

訪問する」となります（語根**d**

は**datang ke** [ダタん ク]、**datang d**

ます。

Untuk《ウゥントゥウゥック》 apa《アパ》?	何のために？

untuk [ウゥントゥウゥック] は「～のため」「～用」と

会話の中で、理由や目的をたずねる時に使われま

Untuk ＋理由や目的 の語順で答えます。

Beberapa《ブブラパ》 orang《オラん》 menaiki《ムナイキ》 pagar《パガル》, dan《ダン》 sebagian《スバギアン》 oran《オラん》

halaman《ハらマン》 gedung《グドゥウん》 wali《ワり》 kota《コタ》.

数人が垣根に上がり、また一部の人が市庁舎の庭に入りました。

beberapa [ブブラパ] は「いくつかの、いくらかの」という

を限定しない複数の表現に使います。**menaiki** [ムナイキ] い

がる」という意味（語根**naik** [ナイック]「乗る、上がる」）です。

menaiki ＋上がる場所名 で「～に上がる」となります。

Sampai《サムパイ》 kapan《カパン》 mereka《ムレカ》 menduduki《ムンドゥウドゥウキ》 halaman《ハらマン》?

いつまで彼らは庭に座り込むのですか？

sampai kapan [サムパイ　カパン]「いつまで」は、期間をたずねる時に使います。**Sampai** ＋曜日や日付など で「～まで」と答えます。**menduduki** [ムンドゥウドゥウキ] は「～に座る、～に居座る」という意味です（語根は**duduk** [ドゥウドゥウック]「座る」）。

Saya《サヤ》 tidak《ティダック》 tahu《タフゥ》, Pak《パック》.	私は知りません。

何かを質問されて、その答えがわからない時に使います。

いろいろな表現

Track 55

接頭辞**me-**と接尾辞**-i**の両方を使う動詞の例を紹介します。

> Dia《ディア》 menuruni《ムヌゥルゥニ》 gunung《グゥヌゥん》 Bromo《ブロモ》 besok《ベソッヶ》 pagi《パギ》.
> 彼は明日の朝、ブロモ山を下ります。

menuruni [ムヌゥルゥニ] は「～を下りる、～を下る」という意味です（語根**turun** [トゥゥルゥン]「下りる」)。**menuruni**は**turun dari** [トゥゥルゥン　ダリ] と同じ意味です。

> Anak-anak《アナッヶ アナッヶ》 menangkapi《ムナんカピ》 kupu-kupu《クゥプゥ クゥプゥ》.　子供たちは次々に蝶々を捕まえます。

menangkapi [ムナんカピ] は「次々に捕まえる」という意味です（語根**tangkap** [タんカップ]「捕まえる」)。**menangkapi**の接尾辞**-i** [イ] には、「動詞が表す動作を繰り返し行う」という意味をもたらす役割があります。

> Dokter《ドクトゥル》 mengobati《ムンゴバティ》 pasien《パスィエン》 itu《イトゥゥ》.　医者はその患者を治療します。

mengobati [ムンゴバティ] は「治療をする」「薬をつける」という意味です（語根**obat** [オバット]「薬」)。**mengobati**の接尾辞**-i**には、「語根の名詞が表すことを文中の目的語に対して与える」という意味があります。**Perawat mengobati anak itu.** [プラワット　ムンゴバティ　アナック　イトゥゥ]「看護師はその子供に薬をつけます」のように使います。

> Pelayan《プらヤン》 mendekati《ムンドゥカティ》 meja《メジャ》 tamu《タムゥゥ》.　ウエイターは客のテーブルに近づきます。

mendekati [ムンドゥカティ] は「近づく」という意味です（語根**dekat** [ドゥカット]「近い」)。**mendekati**は**mendekat ke** [ムンドゥカット　ク] と同じ意味です。**mendekati**の接尾辞**-i**には、**mendekat pada** [ムンドゥカット パダ]、**mendekat ke** [ムンドゥカット　ク] のように前置詞の「～に、～へ」の意味があります。**Jangan mendekati kucing itu.** [ジャンガン　ムンドゥカティ　クゥチん　イトゥゥ]「その猫に近寄ってはいけません」のように使います。

ISBN978-4-384-06094-2 C0087 ¥2800E

接頭辞me-＋接尾辞-i

Track 56

接頭辞**me-**［ム］と接尾辞**-i**［イ］の両方を同時に用いる動詞の特徴と接尾辞**-i**の機能について学びます。

⑴ **me-＋自動詞・他動詞＋-i**：接尾辞**-i**は、語根が表す動詞の動作を行う場所や方向を表す前置詞である**di**［ディ］、**ke**［ク］、**kepada**［クパダ］などの意味をもちます。

hinggap《ヒんガッㇷ゚》　留まる　→ **menghinggapi**《ムんヒんガピ》　～に留まる（**hinggap**《ヒんガッㇷ゚》 **di**《ディ》 …）

masuk《マスゥッㇰ》　入る　→ **memasuki**《ムマスゥキ》　～へ入る（**masuk**《マスゥッㇰ》 **ke**《ク》 …）

tulis《トゥゥりス》　～を書く　→ **menulisi**《ムヌゥりスィ》　～へ～を書く（**menulis**《ムヌゥりス》 … **kepada**《クパダ》）

⑵ **me-＋他動詞＋-i**：接尾辞**-i**は、「語根が表す動詞の動作を繰り返し行う」「複数の対象に対して行う、念入りに行う」という意味をもたらします。

memukul《ムムゥクゥる》　叩く　→ **memukuli**《ムムゥクゥり》　何度も叩く（**memukul**《ムムゥクゥる》 … **berkali**《ブルカり》**-kali**《カり》）

menghitung《ムんヒトゥゥん》　数える　→ **menghitungi**《ムんヒトゥゥンギ》　念入りに数える

（**menghitung**《ムんヒトゥゥん》 … **dengan**《ドゥンガン》　**teliti**《トゥりティ》）

⑶ **me-＋名詞＋-i（その１）**：接尾辞**-i**は、「語根が表す名詞を文中の目的語に対して与える」という意味をもたらします。

garam《ガラム》　塩　→ **menggarami**《ムんガラミ》　～に塩を入れる（**memberi**《ムムブリ》 **garam**《ガラム》 **pada**《パダ》）

nama《ナマ》　名前　→ **menamai**《ムナマイ》　～に～と名付ける（**memberi**《ムムブリ》 **nama**《ナマ》 **kepada**《クパダ》）

⑷ **me-＋名詞＋-i（その２）**：接尾辞**-i**は、「主語は語根が表す名詞として振る舞う」「語根が表す人になる」という意味になります。

kepala《クパら》　長　→ **mengepalai**《ムングパらイ》　率いる（**bertindak**《ブルティンダッㇰ》 **sebagai**《スバガイ》 **kepala**《クパら》）

ketua《クトゥゥア》　会長、長　→ **mengetuai**《ムングトゥゥアイ》　議長になる（**bertindak**《ブルティンダッㇰ》 **sebagai**《スバガイ》 **ketua**《クトゥゥア》）

Pelajaran 17

私は日本語に関する知識を深めたいです

Saya ingin memperdalam pengetahuan tentang bahasa Jepang.

Track 57

Rahayu **Saya**《サヤ》 **ingin**《インギン》 **memperdalam**《ムムプルダらム》 **pengetahuan**《プングタフゥアン》 **tentang**《トゥンタん》
bahasa《バハサ》 **Jepang.**《ジュパん》 **Saya**《サヤ》 **harus**《ハルゥス》 **memperbanyak**《ムムプルバニャッㇰ》
perbendaharaan《プルブンダハラアン》 **bahasa**《バハサ》 **Jepang.**《ジュパん》 **Saya**《サヤ》 **juga**《ジュゥガ》
ingin《インギン》 **memperbagus**《ムムプルバグゥス》 **kemampuan**《クマムプゥアン》 **percakapan**《プルチャカパン》
dalam《ダらム》 **bahasa**《バハサ》 **Jepang.**《ジュパん》

Tomoya **Saya**《サヤ》 **bisa**《ビサ》 **memperkenalkan**《ムムプルクナるカン》 **seorang**《スオラん》 **dosen**《ドセン》
bahasa《バハサ》 **Jepang**《ジュパん》 **kepada**《クパダ》 **Ibu.**《イブゥ》 **Ibu**《イブゥ》 **bisa**《ビサ》
mempelajari《ムムプらジャリ》 **berbagai**《ブルバガイ》 **ilmu**《イるムゥ》 **dengan**《ドゥンガン》 **Beliau.**《ブりアウゥ》

ラハユ　私は日本語に関する知識を深めたいです。
私は日本語の語彙を増やさなければなりません。
私は日本語会話能力をよりよくしたいとも思います。

智也　私はあなたに日本語の大学講師を紹介できますよ。
あなたはその方と様々な学問を学ぶことができます。

Saya《サヤ》 ingin《いんギン》 memperdalam《ムムプルダらム》 pengetahuan《ぷんグタフゥアン》 tentang《トゥンタん》 bahasa《バハサ》 Jepang《ジュパん》.

私は日本語に関する知識を深めたいです。

memperdalam［ムムプルダらム］は「より深める」という意味です（語根**dalam**［ダらム］「深い」）。**memperdalam**＋深めたい事柄で「～をより深める」という表現ができます。次の文の**memperbanyak**［ムムプルバニャック］は「増やす」という意味です（語根**banyak**［バニャック］「多くの」）。**memperbanyak**＋増やす物で「～を増やす」という表現ができます。

Saya《サヤ》 juga《ジュゥガ》 ingin《インギン》 memperbagus《ムムプルバグゥス》 kemampuan《クマムプゥアン》 percakapan《プルチャカパン》 dalam《ダらム》 bahasa《バハサ》 Jepang《ジュパん》.

私は日本語会話能力をよりよくしたいとも思います。

memperbagus［ムムプルバグゥス］は「よりよくする」という意味です（語根**bagus**「よい」）。**memperbagus**＋よくしたい物・事柄で「～をよりよくする」という表現ができます。次の文の**memperkenalkan**［ムムプルクナるカン］は「紹介する」という意味です（語根**kenal**「知る」）。**memperkenalkan**［ムムプルクナるカン］＋紹介する人や事柄で「～を紹介する」という表現ができます。

Ibu《イブゥ》 bisa《ビサ》 mempelajari《ムムプらジャリ》 berbagai《ブルバガイ》 ilmu《イるムゥ》 dengan《ドゥンガン》 Beliau《ブりアウゥ》.

あなたはその方と様々な学問を学ぶことができます。

mempelajari［ムムプらジャリ］は「学ぶ、研究する」という意味です（語根**ajar**「教える」）。**mempelajari**＋学ぶ事柄で「～を学ぶ」という表現ができます。**ber-**［ブル］動詞で学習した**belajar**［ブらジャル］も「学ぶ」「勉強する」という意味ですが、**mempelajari**は「より深く学ぶ」というニュアンスがあり、学び方の姿勢に違いがあります。

いろいろな表現

Track 58

Desi《デスィ》 memperkecil《ムムプルクチる》 anggaran《アんガラン》 belanja《ブらンジャ》 keluarganya《クるゥアルガニャ》.
デシは彼女の家計を縮小します。

memperkecil [ムムプルクチる] は「小さくする」という意味です（語根**kecil** [クチる]「小さい」）。**memperkecil** ＋小さくする物 で「～を小さくする、～を縮小する」となります。

Bapak《バパッㇰ》 Tomoya《トモヤ》 memperlihatkan《ムムプルりハッㇳカン》 foto《フォト》 keluarganya《クるゥアルガニャ》.
智也さんは彼の家族写真を見せました。

memperlihatkan [ムムプルりハッㇳカン] は「見せる」という意味です（語根**lihat** [りハッㇳ]「見る」）。**memperlihatkan** ＋見せる物 で「～を見せる」となります。

Pengemudi《プングムゥディ》 kendaraan《クンダラアン》 harus《ハルゥス》 memperhatikan《ムムプルハティカン》 tanda《タンダ》 lalu《らるゥ》 lintas《りンタス》.
乗り物の運転手は、交通標識に注意しなければなりません。

memperhatikan [ムムプルハティカン] は「注意を払う、気をつける、配慮する」という意味です（語根**hati** [ハティ]「心」）。**memperhatikan** ＋注意する物や事柄 で「～に注意をはらう、～に配慮する」となります。

Saya《サヤ》 perlu《プルるゥ》 memanggil《ムマんギる》 tukang《トゥゥカん》 untuk《ウゥントゥゥッㇰ》 memperbaiki《ムムプルバイキ》 AC《アーセー》 kamar《カマル》 tidur《ティドゥゥル》. 寝室のエアコンを修理するために、私は修理屋さんを呼ぶ必要があります。

memperbaiki [ムムプルバイキ] は「修理する、修繕する」という意味です（語根**baik** [バイッㇰ]「よい」）。**memperbaiki** [ムムプルバイキ] ＋修理する物や事柄 で「～を修理する」となります。

接頭辞memper-

Track 59

接頭辞**memper-**［ムムプル］を用いる動詞には、接頭辞のみで用いるもののほかに、接尾辞**-kan**［カン］や**-i**［イ］を同時に用いるものがあります。

⑴ **memper-＋形容詞**：派生語は「語根の形容詞の意味する状態をよりいっそう高度な状態にする」という意味に変化。

lebar《れバル》 （幅が）広い → **memperlebar**《ムムプルれバル》 広くする

cepat《チュパッㇳ》 早い、速い → **mempercepat**《ムムプルチュパッㇳ》 早める、速める

⑵ **memper-＋名詞**：派生語は「語根の名詞として扱う、みなす」という意味に変化。このような用例はあまり多くはありません。

istri《イストゥリ》 妻 → **memperistri**《ムムプルイストゥリ》 妻とする

alat《アらッㇳ》 道具 → **memperalat**《ムムプルアらッㇳ》 道具にする

⑶ **memper-＋動詞＋-kan**：派生語は「語根の動詞の意味の動作をさせる」ような意味に変化。

kenal《クナる》 知る → **memperkenalkan**《ムムプルクナるカン》 紹介する

bekerja《ブクルジャ》 働く → **mempekerjakan**《ムムプクルジャカン》 働かせる

⑷ **memper-＋名詞＋-kan**：「語根の名詞として取り上げる、名詞の意味するようにさせる」という派生語ができます。

soal《ソアる》 問題 → **mempersoalkan**《ムムプルソアるカン》 問題にする

istri《イストゥリ》 妻 → **memperistrikan**《ムムプルイストゥリカン》 妻帯させる

⑸ **memper-＋動詞・形容詞＋-ki**：用例はあまりなく、ごく限られた単語において起こります。

ingat《イんガッㇳ》 思い出す、覚えている → **memperingati**《ムムプリンガティ》 記念して祝う

baru《バルゥ》 新しい → **memperbarui**《ムムプルバルゥイ》 更新する

Pelajaran 18

社用車はドライバーが洗車しました

Mobil perusahaan sudah dicuci oleh sopir.

Track 60

Sekretaris **Mobil《モビる》 perusahaan《プルゥサハアン》 sudah《スゥダㇵ》 dicuci《ディチュゥチ》 oleh《オれへ》 sopir《ソピル》.**

Tomoya **Tamu《タムゥ》 akan《アカン》 saya《サヤ》 jemput《ジュムプゥッㇳ》 di《ディ》 bandara《バンダラ》 nanti《ナンティ》 sore《ソレ》.**

Sekretaris **Kamar《カマル》 hotel《ホテる》 sudah《スゥダㇵ》 saya《サヤ》 pesan《プサン》.**

Tomoya **Ibu《イブゥ》 sudah《スゥダㇵ》 memesan《ムムサン》 karcis《カルチス》 kereta《クレタ》 api《アピ》 ke《ク》 Bandung《バンドゥゥん》?**

Sekretaris **Sudah《スゥダㇵ》. Karcis《カルチス》 kereta《クレタ》 api《アピ》 baru《バルゥ》 saya《サヤ》 pesan《プサン》 tadi《タディ》.**

秘書　社用車はドライバーが洗車しました。
智也　夕方、客は私が空港で出迎えます。
秘書　ホテルの部屋は私が予約しました。
智也　バンドゥンへ行く列車の切符はもう予約しましたか？
秘書　はい。列車の切符は先ほど予約したところです。

Mobil《モビる》 perusahaan《プルゥサハアン》 sudah《スゥダㇵ》 dicuci《ディチュゥチ》 oleh《オれへ》 sopir《ソピル》.

社用車はドライバーが洗車しました。

動作をする人が三人称である場合の受動態の文型です。

能動態：Sopir《ソピル》 sudah《スゥダㇵ》 mencuci《ムンチュゥチ》 mobil《モビる》 perusahaan《プルゥサハアン》.

ドライバーは社用車を洗車しました。

Tamu《タムゥ》 akan《アカン》 saya《サヤ》 jemput《ジュムプゥッㇳ》 di《ディ》 bandara《バンダラ》 nanti《ナンティ》 sore《ソレ》.

夕方、客は私が空港で出迎えます。

動作をする人が一人称である場合の受動態の文型です。

能動態：Saya《サヤ》 akan《アカン》 menjemput《ムンジュムプゥッㇳ》 tamu《タムゥ》 di《ディ》 bandara《バンダラ》 nanti《ナンティ》 sore《ソレ》.

Kamar《カマル》 hotel《ホテる》 sudah《スゥダㇵ》 saya《サヤ》 pesan《プサン》.

ホテルの部屋は私が予約しました。

能動態：Saya《サヤ》 sudah《スゥダㇵ》 memesan《ムムサン》 kamar《カマル》 hotel《ホテる》.

Karcis《カルチス》 kereta《クレタ》 api《アピ》 baru《バルゥ》 saya《サヤ》 pesan《プサン》 tadi《タディ》.

列車の切符は先ほど予約したところです。

能動態：Saya《サヤ》 baru《バルゥ》 memesan《ムムサン》 karcis《カルチス》 kereta《クレタ》 api《アピ》 tadi《タディ》.

いろいろな表現

Track 61

受動態を使った表現を紹介します。

> Gaji《ガジ》 Rudi《ルゥディ》 belum《ブるゥム》 dibayar《ディバヤル》 oleh《オれへ》 majikannya《マジカンニャ》.
> ルディの給料は、彼の雇用主からまだ支払われていません。

dibayar [ディバヤル] は「支払われる」という受動態の形で、能動態の形は **membayar** [ムムバヤル] で「〜を支払う」です。

> Jas《ジャス》 saya《サヤ》 bawa《バワ》 ke《ク》 laundry《ろンドゥリ》 tadi《タディ》 pagi《パギ》.
> ジャケットは、今朝私がクリーニングに持って行きました。

能動態に書き換えると、**Saya membawa jas ke laundry tadi pagi.** [サヤ　ムムバワ　ジャス　ク　ろンドゥリ　タディ　パギ] となります。

> Surat《スゥラッㇳ》 keterangan《クトゥランガン》 ini《イニ》 tertulis《トゥルトゥゥりス》 dalam《ダらム》 bahasa《バハサ》 Inggris《イんグリス》.
> この説明書は、英語で書かれています。

tertulis [トゥルトゥゥりス] は「書かれている」という意味の動詞です。**ter-** [トゥル] ＋動詞 では、行為そのものではなく、行為の結果ある状態に重点を置いた受動態的表現ができます。**Buku ini tertulis dalam bahasa Jepang dan bahasa Indonesia.** [ブゥクゥ　イニ　トゥルトゥゥりス　ダらム　バハサ　ジュパん　ダン　バハサ　インドネスィア]「この本は日本語とインドネシア語で書かれています」のように使います。

> Saya《サヤ》 tertidur《トゥルティドゥゥル》 di《ディ》 kereta《クレタ》 api《アピ》. 私は列車でうっかり寝てしまいました。

tertidur [トゥルティドゥゥル] は「うっかり寝てしまう」という意味です。**ter-** [トゥル] ＋動詞 で、「うっかり〜する、つい〜してしまう、不意に〜する」という表現ができます。

受動表現

Track 62

インドネシア語では、日常的によく受動表現を使いますが、日本語では、その多くが能動態で表現されます。インドネシア語の受動表現は、行為をする人の人称に着目して文型が決まります。また、人称の単数、複数は文型の決定に影響しません。

(1) 行為する人（主語）が一人称、二人称の場合

能動態：**Saya**《サヤ》 **sudah**《スゥダㇵ》 **membuat**《ムムブゥアッㇳ》 **teh**《テヘ》 **susu**《スゥスゥ》. 私はもうミルクティーをいれました。
主語 助動詞 動詞 目的語

受動態：**Teh**《テヘ》 **susu**《スゥスゥ》 **sudah**《スゥダㇵ》 **saya**《サヤ》 **buat**《ブゥアッㇳ》. ミルクティーはもう私がいれました。
目的語 助動詞 主語 動詞

目的語→助動詞・否定詞→主語→動詞→時間や場所を表す語 となります。この時に注意すべきことは、**me-**［ム］動詞の接頭辞**me-**を外すことです。なお、接尾辞を伴う**me-**動詞の場合、接頭辞**me-**のみが外され、接尾辞**-kan**［カン］や**-i**［イ］はそのまま残します。

(2) 行為する人（主語）が三人称の場合

能動態：**Ibu**《イブゥ》 **Rahayu**《ラハユゥ》 **mengundang**《ムングゥンダん》 **Pak**《パッㇰ》 **Danan**《ダナン》 **ke**《ク》 **pesta**《ペスタ》 **ulang**《ウゥらん》 **tahunnya**《タフゥンニャ》.
ラハユさんはダナンさんを彼女の誕生日パーティーに招待しました。

受動態：**Pak**《パッㇰ》 **Danan**《ダナン》 **diundang**《ディウゥンダん》 **oleh**《オれへ》 **Ibu**《イブゥ》 **Rahayu**《ラハユゥ》 **ke**《ク》 **pesta**《ペスタ》 **ulang**《ウゥらん》 **tahunnya**《タフゥンニャ》.
ダナンさんはラハユさんに彼女の誕生日パーティーに招待されました。

目的語→助動詞・否定詞→**di-**＋動詞→**oleh**→主語→時間や場所を表す語 となります。三人称の場合、**me-**動詞の接頭辞**me-**は**di-**に変わります。また、接尾辞を伴う**me-**動詞は、接尾辞はそのまま残して使います。

その他の受動表現は文法編　P.134を参照してください。

Pelajaran 19

あなたの料理はいちばんおいしいです

Masakan Ibu paling enak.

Track 63

Rahayu **Ayam《アヤム》 goreng《ゴレん》 ini《イニ》 enak《エナッㇰ》.**

Tomoya **Ayam《アヤム》 goreng《ゴレん》 ini《イニ》 sama《サマ》 enaknya《エナッㇰニャ》 dengan《ドゥンガン》 ayam《アヤム》 goreng《ゴレん》 Ibu《イブゥ》 Rahayu《ラハユゥ》.**

Rahayu **Masa《マサ》! Ayam《アヤム》 goreng《ゴレん》 ini《イニ》 lebih《るビㇶ》 enak《エナッㇰ》 daripada《ダリパダ》 ayam《アヤム》 goreng《ゴレん》 saya《サヤ》, Bapak《バパッㇰ》.**

Tomoya **Masakan《マサカン》 Ibu《イブゥ》 paling《パりん》 enak《エナッㇰ》.**

ラハユ　このアヤムゴレン（フライドチキン）はおいしいです。

智也　このアヤムゴレンは、ラハユさんのアヤムゴレンと同じくらいおいしいです。

ラハユ　まさか！　このアヤムゴレンは、私のアヤムゴレンよりもおいしいです。

智也　あなたの料理はいちばんおいしいです。

Ayam《アヤム》 goreng《ゴレん》 ini《イニ》 enak《エナッㇰ》.

このアヤムゴレンはおいしいです。

enak [エナッㇰ] は「おいしい」という形容詞です。インドネシア語でも形容詞が述語として使われます。**Mie goreng warung ini pedas.** [ミ　ゴレん　ワルゥん　イニ　プダス]「この屋台のミーゴレン（焼きそば）は辛いです」、**Nasi goreng kantin asin.** [ナスィ　ゴレん　カンティン　アスィン]「社食のナシゴレン（チャーハン）は塩辛いです」などのように使います。

Ayam《アヤム》 goreng《ゴレん》 ini《イニ》 sama《サマ》 enaknya《エナッㇰニャ》 dengan《ドゥンガン》 ayam《アヤム》 goreng《ゴレん》 Ibu《イブゥ》 Rahayu《ラハユゥ》.

このアヤムゴレンは、ラハユさんのアヤムゴレンと同じくらいおいしいです。

同等表現の文章です。**sama** [サマ] ＋形容詞＋ **-nya** [ニャ] ＋ **dengan** [ドゥンガン] で「同じくらい形容詞の状態である」という表現ができます。

Masa《マサ》 !

まさか！

意外な発言などに対して使います。日本語の「まさか…」に似ています。

Ayam《アヤム》 goreng《ゴレん》 ini《イニ》 lebih《るビㇶ》 enak《エナッㇰ》 daripada《ダリパダ》 ayam《アヤム》 goreng《ゴレん》 saya《サヤ》, Bapak《ババッㇰ》.

このアヤムゴレンは、私のアヤムゴレンよりもおいしいです。

比較表現の文章です。**lebih** [るビㇶ] ＋形容詞＋ **daripada** [ダリパダ] で「～より（形容詞）の状態だ」という表現ができます。

Masakan《マサカン》 Ibu《イブゥ》 paling《パりん》 enak《エナッㇰ》.

あなたの料理はいちばんおいしいです。

最上級の文章です。**paling** [パりん] ＋形容詞 で「いちばん、最も（形容詞）だ」という表現ができます。

いろいろな表現

Track 64

Pulau《プゥらウゥ》 Sumatera《スゥマトゥラ》 jauh《ジャウゥッフ》 lebih《るビヒ》 luas《るゥアス》 daripada《ダリパダ》 pulau《プゥらウゥ》 Bali《バリ》.

スマトラ島はバリ島よりもはるかに広いです。

比較するものにかなりの差異がある場合は、**jauh** [ジャウゥッフ] ＋**lebih**＋形容詞＋**daripada**を使い、「はるかに（形容詞）の状態だ」という表現ができます。

Dia《ディア》 memakai《ムマカイ》 *smartphone*《スマルトゥフォン》 terbaru《トゥルバルゥ》.

彼女は最新のスマートフォンを使っています。

接頭辞**ter-** [トゥル] を形容詞につけると、その形容詞は最上級の意味をもちます。**terbaru** [トゥルバルゥ] 「いちばん新しい」（**ter-**＋**baru** [バルゥ] 「新しい」）。

Kain《カイン》 batik《バティック》 ini《イニ》 kurang《クゥらん》 bagus《バグゥス》 dibandingkan《ディバンディんカン》 dengan《ドゥンガン》 kain《カイン》 batik《バティック》 itu《イトゥゥ》.

このバティックの布は、そのバティックの布よりもよくありません。

kurang [クゥラん] は「不足している、足りない」。**dibandingkan dengan** [ディバンディんカン ドゥンガン] は「～と比べて」という意味です。比較した結果、片方が劣っているという場合、**kurang**＋形容詞＋**dibandingkan dengan** を使い、「～より（形容詞の否定）の状態だ」と表現します。

Yang《やん》 mana《マナ》 lebih《るビヒ》 besar《ブサル》, Mal《モる》 Flamboyan《フらムボヤン》 atau《アタウゥ》 Mal《モる》 Matahari《マタハリ》?

フランボヤンモールとマタハリモールでは、どちらがより大きいですか？

yang mana [やん マナ] は「どちら」という意味で、選択の疑問文に使います。**atau** [アタウゥ] は「または」という意味で、**A atau B** で「**A**または**B**」となります。**Yang mana lebih**＋形容詞, **A atau B?** で「**A**と**B**では、どちらがより（形容詞）の状態ですか？」という表現ができます。

形容詞の使い方

Track 65

この課では、形容詞を使った代表的な表現方法を学習します。比較級・最上級については文法編　P.139参照。

(1) 述語として使う

A + 形容詞. →「Aは（形容詞）の状態だ」

Pantai《パンタイ》 ini《イニ》 kotor《コトル》.　この海岸は汚いです。

Pemandangan《プマンダンガン》 Jatiluwih《ジャティるゥウィヒ》 indah《インダハ》.　ジャティルウィの風景は美しいです。

(2) 修飾語として使う

名詞 + 形容詞 →「（形容詞）の状態の（名詞）」

Saya《サヤ》 mau《マウゥ》 mencari《ムンチャリ》 sepatu《スパトゥゥ》 hitam《ヒタム》.　私は黒い靴を探したいです。

Dia《ディア》 memesan《ムムサン》 teh《テヘ》 panas《パナス》.　彼は熱いお茶を注文しました。

(3) 同等の表現

「AとBは同じくらい〜だ」

①**A + se-**［ス］ + 形容詞 + **B.**

seは「同じ」という意味。

Rumah《ルゥマハ》 saya《サヤ》 sebesar《スブサル》 rumah《ルゥマハ》 Joko《ジョコ》.

私の家はジョコの家と同じくらい大きいです。

②**A sama**［サマ］ + 形容詞**-nya**［ニャ］ **dengan**［ドゥンガン］ + **B.**

samaは「同じ」という意味。形容詞に**-nya**［ニャ］をつけると、形容詞が名詞化します。

Rumah《ルゥマ゛ハ》 saya《サヤ》 sama《サマ》 besarnya《ブサルニャ》 dengan《ドゥンガン》 rumah《ルウマハ》 Joko《ジョコ》.

私の家はジョコの家と同じくらい大きいです。

Pelajaran

20

交通渋滞が怖いよね

Takut kemacetan lalu lintas.

Track 66

Tomoya **Tolong**《トろん》 **antarkan**《アンタルカン》 **tamu**《タムゥ》 **ke**《ク》 **terminal**《トゥルミナる》 **keberangkatan**《クブラんカタン》 **Internasional.**《イントゥルナスィオナる》 **Sesudah**《ススゥダㇵ》 **itu,**《イトゥゥ》 **tolong**《トろん》 **jemput**《ジュムプゥッㇳ》 **Ibu**《イブゥ》 **Rahayu**《ラハユゥ》 **di**《ディ》 **terminal**《トゥルミナる》 **kedatangan**《クダタンガン》 **domestik.**《ドメスティッㇰ》

Sopir **Baik.**《バイッㇰ》 **Saya**《サヤ》 **segera**《スグラ》 **berangkat.**《ブラんカッㇳ》 **Kemungkinan**《クムゥんキナン》 **besar**《ブサル》 **di**《ディ》 **daerah**《ダエラㇵ》 **Sudirman**《スゥディルマン》 **kebanjiran,**《クバンジラン》 **sebab**《スバッㇷ゚》 **tadi**《タディ》 **pagi**《パギ》 **hujan**《フゥジャン》 **deras.**《ドゥラス》

Tomoya **Takut**《タクゥッㇳ》 **kemacetan**《クマチェタン》 **lalu**《らるゥ》 **lintas.**《りンタス》

智也　お客さんを国際線出発ターミナルへ送ってください。
そのあと、国内線ターミナルでラハユさんを出迎えてください。

ドライバー　わかりました。私は直ちに出発します。
今朝大雨でしたので、スディルマン地区で洪水にあう可能性が大きいですから。

智也　交通渋滞が怖いよね。

Tolong《トろん》 antarkan《アンタルカン》 tamu《タムゥ》 ke《ク》 terminal《トゥルミナる》 keberangkatan《クブラんカタン》 Internasional.《イントゥルナスィオナる》

お客さんを国際線出発ターミナルへ送ってください。

keberangkatan [クブラんカタン] は「出発」という意味で、**ke-** + **berangkat** [ブラんカッㇳ] + **-an** から成り立つ **berangkat**「出発する」の派生語です。**Di mana terminal keberangkatan Internasional?** [ディ マナ トゥルミナる クブラんカタン イントゥルナスィオナる]「国際線出発ターミナルはどこですか？」のように使います。

Sesudah《ススゥダㇵ》 itu,《イトゥゥ》 tolong《トろん》 jemput《ジュムプゥッㇳ》 Ibu《イブゥ》 Rahayu《ラハユゥ》 di《ディ》 terminal《トゥルミナる》 kedatangan《クダタンガン》 domestik.《ドメスティッㇰ》

そのあと、国内線ターミナルでラハユさんを出迎えてください。

kedatangan [クダタンガン] は「到着、来訪」という意味で、**ke-** + **datang** [ダタん] + **-an** から成り立つ **datang**「来る」の派生語です。

Kemungkinan《クムゥんキナン》 besar《ブサル》 di《ディ》 daerah《ダエラㇵ》 Sudirman《スゥディルマン》 kebanjiran,《クバンジラン》 sebab《スバッㇷ゚》 tadi《タディ》 pagi《パギ》 hujan《フゥジャン》 deras.《ドゥラス》

今朝大雨でしたので、スディルマン地区で洪水にあう可能性が大きいですから。

kemungkinan は「可能性」という意味で、**ke-** + **mungkin** [ムゥんキン] + **-an** から成り立つ **mungkin**「可能である」「もしかしたら」の派生語です。また、**kebanjiran** [クバンジラン] は「洪水にやられる」という意味で、**ke-** + **banjir** + **-an** から成り立つ **banjir** [バンジル]「洪水、氾濫、水害」の派生語です。

Takut《タクゥッㇳ》 kemacetan《クマチェタン》 lalu《らるゥ》 lintas.《りンタス》

交通渋滞が怖いよね。

kemacetan [クマチェタン] は「渋滞」という意味で、**ke-** + **macet** [マチェッㇳ] + **-an** から成り立つ **macet**「渋滞する、滞る」の派生語です。

いろいろな表現

Track 67

Mobil《モビる》 **itu**《イトゥゥ》 **berlari**《ブルらリ》 **dengan**《ドゥンガン》 **kecepatan**《クチュパタン》 **tinggi**《ティんギ》**.** あの車は高速で走っています。

kecepatan [クチュパタン] は「速さ」という意味の名詞ですが、語根は **cepat** [チュパットゥ] で「速い」という形容詞です。 **ke-** [ク] ＋形容詞-＋ **an** [アン] で名詞を作ることができます。

Kemampuan《クマムプゥアン》 **percakapan**《プルチャカパン》 **bahasa**《バハサ》 **Indonesia**《インドネスィア》 **Anda**《アンダ》 **ada**《アダ》 **kemajuan**《クマジュゥアン》**.**
あなたのインドネシア語会話能力には、進歩が見られます。

kemampuan [クマムプゥアン] は「能力」という意味の名詞ですが、語根は **mampu** [マムプゥ] で「能力がある」という動詞です。 **ke-** ＋動詞-＋ **an** で名詞を作ることができます。

Kerajaan《クラジャアン》 **Sriwijaya**《スリウィジャヤ》 **menguasai**《ムんグゥアサイ》 **Selat**《スらットゥ》 **Malaka**《マらカ》 **pada**《パダ》 **abad**《アバッドゥ》 **ketujuh**《クトゥゥジュゥフ》**.**
スリウィジャヤ王国は７世紀にマラッカ海峡を支配していました。

kerajaan [クラジャアン] は「王国」という意味の抽象名詞ですが、語根は **raja** [ラジャ] で「王」という意味の名詞です。 **ke-** ＋名詞-＋ **an** で抽象名詞を作ることができます。

Rumah《ルゥマハ》 **teman**《トゥマン》 **saya**《サヤ》 **kemasukan**《クマスゥッカン》 **pencuri**《プンチュゥリ》 **tadi**《タディ》 **malam**《マらム》**.**
私の友人は昨夜、泥棒に入られました。

kemasukan [クマスゥッカン] は「泥棒に入られる」という動詞ですが、語根は **masuk** [マスゥック] で「入る」という動詞です。「（語根）の意味の結果、困る」というニュアンスに変化し、被害を被る意味の動詞になります。類似の例に、 **kecurian** [クチュゥリアン]「盗まれる」、 **kepanasan** [クパナサン]「暑さに喘ぐ」、 **kehujanan** [クフゥジャナン]「雨に降られる」などがあります。

この課のポイント

接頭辞ke-＋接尾辞-an

Track 68

接頭辞**ke-**［ク］と接尾辞**-an**［アン］による派生語について学習します。この派生語の難しさは、語根の品詞が同じでも、派生語の品詞が必ずしも同一であるとは限らないことです。

⑴ **ke-＋自動詞＋-anによる名詞**：自動詞が名詞に変化。語根の自動詞の意味から比較的容易に想像できる範囲で意味が変化します。

hidup［ヒドゥウップ］　生きる、生活する　→ **kehidupan**［クヒドゥウッパン］　生活

⑵ **ke-＋形容詞＋-anによる名詞**：形容詞が名詞に変化。語根の形容詞の意味から比較的容易に想像できる範囲で意味が変化します。

tinggi［ティんギ］　高い　→ **ketinggian**［クティんギアン］　高さ

⑶ **ke-＋他動詞・形容詞・名詞＋-anによる動詞**：それぞれの語根の意味の結果、被害を被る動詞ができます。

hilang［ヒらん］　なくなる　→ **kehilangan**［クヒらンガン］　失う、紛失

hujan［フゥジャン］　雨　→ **kehujanan**［クフゥジャナン］　雨に降られる

⑷ **ke-＋職務、階級などを表す名詞＋-anによる名詞**

①職務、階級などを表す名詞から、その職務を遂行する場所を表す名詞ができます。

raja［ラジャ］　王　→ **kerajaan**［クラジャアン］　王国

②語根の名詞と意味が大きく変わらない抽象名詞ができます。

bangsa［バんサ］　民族　→ **kebangsaan**［クバんサアン］　民族、国籍

⑸ **ke-＋形容詞＋-anによる過度な状態の表現**：「～過ぎる」という過度な状態の表現で、**terlalu**［トゥルらるゥ］＋形容詞 に書き換えることができます。

kecil［クチる］　小さい

→ **kekecilan**［ククチらン］　小さ過ぎる＝ **terlalu kecil**［トゥルらるゥ　クチる］

⑹ **ke-＋他動詞＋-anによる特殊な例**：他動詞が自動詞化する特殊な例です。**dapat**［ダパット］＋**di-**［ディ］＋他動詞 と書き換えることもできます。

lihat［りハット］　見る

→ **kelihatan**［クりハタン］　見える＝ **dapat dilihat**［ダパット　ディりハット］

Pelajaran

21

露天商はどこでも忙しそうに見えます

Pedagang kaki lima di mana-mana kelihatan sibuk.

Track 69

Tomoya **Pedagang《プダガん》 kaki《カキ》 lima《りマ》 di《ディ》 mana《マナ》-mana《マナ》 kelihatan《クりハタン》 sibuk《スィブゥッㇰ》.**

Rahayu **Banyak《バニャッㇰ》 pembeli《プムブり》 mengunjungi《ムングゥンジュゥンギ》 Pasar《パサル》 Kereneng《クルネん》 hingga《ヒんガ》 larut《らルゥッㇳ》 malam《マらム》.**

Tomoya **Tadi《タディ》 malam《マらム》 saya《サヤ》 melihat《ムりハッㇳ》 pemabuk《プマブゥッㇰ》 di《ディ》 sana《サナ》.**

Dia《ディア》 menyusahkan《ムニュゥサㇵカン》 pemilik《プミりッㇰ》 warung《ワルゥん》.

Rahayu **Kadang《カダん》-kadang《カダん》 ada《アダ》 pencopet《プンチョペッㇳ》.**

Hati《ハティ》-hati《ハティ》 !

智也　露天商は、どこでも忙しそうに見えます。

ラハユ　たくさんの買い手が、夜遅くまでクルネン市場を訪れます。

智也　昨晩、私はそこで酔っぱらいを見ました。
彼は屋台の所有者を困らせていました。

ラハユ　時々、スリがいます。
気をつけて。

Pedagang《プダガん》 kaki《カキ》 lima《りマ》 di《ディ》 mana《マナ》-mana《マナ》 kelihatan《クりハタン》 sibuk《スィブゥッㇰ》.

露天商は、どこでも忙しそうに見えます。

pedagang [プダガん] は「商人」という意味で、語根は**dagang** [ダガん]「商売」です。**berdagang** [ブルダガん] で「商売をする」という意味になり、その行為をする人を表す単語は、**ber-** [ブル] の部分が**pe-** [プ] に変わり、**pedagang**となります。

Banyak《バニャッㇰ》 pembeli《プムブり》 mengunjungi《ムングゥンジュゥンギ》 Pasar《パサル》 Kereneng《クルネん》 hingga《ヒんガ》 larut《らルゥッㇳ》 malam《マらム》.

たくさんの買い手が、夜遅くまでクルネン市場を訪れます。

pembeli [プムブり] は「買い手」という意味で、語根は**beli** [ブり]「買う」です。**membeli** [ムムブり] は「買う」という意味ですが、その行為をする人を表す単語は、**mem-** [ムム] の部分が**pem-** [プム] に変わり、**pembeli**となります。

Tadi《タディ》 malam《マらム》 saya《サヤ》 melihat《ムりハッㇳ》 pemabuk《プマブゥッㇰ》 di《ディ》 sana《サナ》.

昨晩、私はそこで酔っぱらいを見ました。

語根**mabuk** [マブゥッㇰ]「酔う」の語頭に**pe-**をつけると、その振る舞いをする人を表し、**pemabuk** [プマブゥッㇰ]「酔っ払い」となります。

Dia《ディア》 menyusahkan《ムニュゥサㇵカン》 pemilik《プミりッㇰ》 warung《ワルゥん》.

彼は屋台の所有者を困らせていました。

語根**milik** [ミりッㇰ]「所有」の語頭に**pe-**をつけると、その行為をする人を表し、**pemilik** [プミりッㇰ]「所有者」となります。次の文の**pencopet** [プンチョペッㇳ]「スリ」は、語根**copet** [チョペッㇳ]（**mencopet** [ムンチョペッㇳ] で「する」という意味）の語頭に**pen-**をつけ、その行為をする人を表しています。

Hati《ハティ》-hati《ハティ》 !

気をつけて。

出かけ際や何かに注意する時に使う定番のフレーズです。

いろいろな表現

Track 70

Silakan《スィラカン》 mengisi《ムンギスィ》 nama《ナマ》 pengirim《プンギリム》 di《ディ》 sini《スィニ》.
ここに送り人の名前をご記入ください。

pengirim [プンギリム] は「送り人」という意味で、語根は**kirim** [キリム]「送る」です。この行為をする人を表す単語は、語頭に**peng-** [プン] をつけ、**pengirim**となります。

Petugas《プトゥゥガス》 parkir《パルキル》 menjaga《ムンジャガ》 mobil《モビる》 tamu《タムゥ》 di《ディ》 depan《ドゥパン》 toko《トコ》.
駐車係は店の前で客の車の番をします。

petugas [プトゥゥガス] は「係員、係官」という意味で、語根は**tugas** [トゥゥガス]「任務、責務」です。この行為をするという動詞は**bertugas** [ブルトゥゥガス] で「任務を持つ、勤務をする」となります。さらに、この行為をする人を表す単語は、語頭に**pe-** [プ] をつけ、**petugas**となります。

Pemuda《プムゥダ》 Indonesia《インドネスィア》 mempertunjukkan《ムムプルトゥゥンジュㇰッカン》 tarian《タリアン》 tradisional《トゥラディスィオナる》.
インドネシアの若者は伝統舞踊の公演をしました。

pemuda [プムゥダ] は「若者」という意味で、語根は**muda** [ムゥダ]「若い」です。この状態の人を表す単語は、語頭に**pe-**をつけ、**pemuda**となります。

Pesenam《プスナム》 Jepang《ジュパん》 itu《イトゥゥ》 memenangi《ムムナンギ》 medali《メダり》 Olimpiade《オりムピアドゥ》.
あの日本の体操選手は、オリンピックでメダルを勝ちとりました。

pesenam [プスナム] は「体操選手」という意味で、**senam** [スナム] は「体操」という意味です。スポーツ選手を表す単語は、競技名に**pe-**をつけ、競技者を表す名詞をつくります。

接頭辞pe-

Track 71

この課では、接頭辞**pe-**［プ］による派生語について学習します。これらの接頭辞をつけると、語根の品詞にかかわらず派生語は名詞になります。

(1) pe-＋me-［ム］動詞（その1）：**me-**動詞の意味の動作をする人を表す。

penyiar《プニィアル》　アナウンサー　　← **menyiar**《ムニィアル》　放送する　　← **siar**《スィアル》

接頭辞**pe-**は、**me-**の変化規則同様の条件で形を変えます（文法編　P.143参照）。

(2) pe-＋me-動詞（その2）：**me-**動詞の意味の動作を行うための道具名や手段を表す。

penghapus《プんハプゥス》　消しゴム、黒板消し　　← **menghapus**《ムんハプゥス》　消す　　← **hapus**《ハプゥス》

語根がもともと他動詞（**me-**動詞）以外に、自動詞や名詞を他動詞にした場合の意味に由来して、接頭辞**pe-**により名詞になるものもあります。

(3) pe-＋形容詞・動詞：形容詞や動詞の意味する特徴をもつ人を表す。

pemalu《プマるぅ》　恥ずかしがり屋　　← **malu**《マるぅ》　恥ずかしい

penidur《プニドゥゥル》　寝坊　　← **tidur**《ティドゥゥル》　寝る

(4) pe-＋ber-［ブル］動詞：**ber-**動詞の意味の動作をする人を表す。

pejalan《プジャらン》　歩行者　　← **berjalan**《ブルジャらン》　歩く

接頭辞の形は語根の先頭の文字に影響されず、**pe-**をつけます。

(5) pe-＋競技名：その競技をする人を表す名詞になります。

peselancar《プスらンチャル》　サーファー　　← **selancar**《スらンチャル》　サーフィン

(4)と同様、接頭辞の形は語根の先頭の文字に影響されず、**pe-**をつけます。

Pelajaran

22

あなたは日本での会合に参加するのですか？

Ibu menghadiri pertemuan di Jepang?

Track 72

Tomoya **Minggu《ミンんグゥ》 depan《ドゥパン》, Ibu《イブゥ》 menghadiri《ムんハディィリ》 pertemuan《プルトゥムゥアン》 di《ディ》 Jepang《ジュパん》?**

Rahau **Jadwal《ジャドゥワる》 pertemuan《プルトゥムゥアン》 itu《イトゥゥ》 mengalami《ムンガらミ》 perubahan《プルゥバハン》.**

Tomoya **Apa《アパ》 tema《テマ》 pertemuan《プルトゥムゥアン》 itu《イトゥゥ》?**

Rahayu **Pendidikan《プンディディカン》 Bahasa《バハサ》 Indonesia《インドネスィア》.**

Tomoya **Berarti《ブルアルティ》 banyak《バニャッㇰ》 hasil《ハスィる》 penelitian《プヌりティアン》 akan《アカン》 dipresentasikan《ディプレセンタスィカン》 oleh《オれへ》 para《パラ》 ahli《アッハり》 bahasa《バハサ》, sastrawan《サストゥラワン》 dan《ダン》 budayawan《ブゥダヤワン》, ya《ヤ》.**

智也　来週、あなたは日本での会合に参加するのですか？
ラハユ　その会合のスケジュールが変更になりました。
智也　その会合のテーマは何ですか？
ラハユ　インドネシア語教育です。
智也　ということは、多くの研究成果が言語の専門家、文学者や文化人によってプレゼンテーションされますね。

Ibu《イブゥ》 menghadiri《むんハディリ》 pertemuan《プルトゥムゥアン》 di《ディ》 Jepang《ジュパん》?

あなたは日本での会合に参加するのですか？

pertemuan［プルトゥムゥアン］は「会合、会談、出会い」という意味の名詞です。語根は**temu**［トゥムゥ］で、**bertemu**［ブルトゥムゥ］「会う」という動詞に由来する派生語です。
その次の文にある**perubahan**［プルゥバハン］は「変化、変更」という意味の名詞です。語根は**ubah**［ルゥバハ］で、**berubah**［ブルゥバハ］「変化する」という動詞に由来する派生語です。

Apa《アパ》 tema《テマ》 pertemuan《プルトゥムゥアン》 itu《イトゥゥ》?

その会合のテーマは何ですか？

Apa tema...?［アパ　テマ］で「～のテーマは何ですか？」。**tema**［テマ］の部分に**judul**［ジュゥドゥゥる］「題名」や**nama**［ナマ］「名前」を入れれば、「～の題名は何ですか？」「～の名前は何ですか？」となります。

Pendidikan《プンディディカン》 Bahasa《バハサ》 Indonesia《インドネスィア》.

インドネシア語教育です。

pendidikan［プンディディカン］は「教育」という意味の名詞です。語根は**didik**［ディディック］で、**mendidik**［ムンディディック］「教育する」という動詞に由来する名詞です。

Berarti《ブルアルティ》 banyak《バニャック》 hasil《ハスィる》 penelitian《プヌりティアン》 akan《アカン》 dipresentasikan《ディプレセンタスィカン》 oleh《オれへ》 para《パラ》 ahli《アッハり》 bahasa《バハサ》, sastrawan《サストゥラワン》 dan《ダン》 budayawan《ブゥダヤワン》, ya《ヤ》.

ということは、多くの研究成果が言語の専門家、文学者や文化人によってプレゼンテーションされますね。

berarti［ブルアルティ］は「意味する、意味がある」という意味です。日常会話では、話の内容をまとめる時に「ということは～」という使い方をします。**penelitian**［プヌりティアン］は「調査、研究」という意味の名詞です。語根は**teliti**［トゥりティ］で、**meneliti**［ムヌりティ］「調査する、研究する」という動詞に由来する派生語です。

いろいろな表現

Track 73

Apa《アパ》 perbedaan《プルベダアン》 antara《アンタラ》 bahasa《バハサ》 Indonesia《インドネスィア》 dan《ダン》 bahasa《バハサ》 Melayu《ムらユゥ》?
インドネシア語とマレー語の違いは何ですか？

perbedaan［プルベダアン］は「違い」という意味の名詞で、語根は**beda**［ベダ］で、**berbeda**［ブルベダ］「違う、差がある」に由来する派生語です。

Di《ディ》 daerah《ダエラハ》 Payangan《パヤンガン》 terdapat《トゥルダパット》 banyak《バニャック》 peternakan《プトゥルナカン》 ayam《アヤム》.
パヤガン地域には、たくさんの養鶏場があります。

peternakan［プトゥルナカン］は「畜産」という名詞。語根は**ternak**［トゥルナック］で「家畜、飼育」という意味で、**beternak**［ブトゥルナック］「家畜を飼う」に由来する派生語です。

Pembayaran《プムバヤラン》 biaya《ビアヤ》 pengobatan《プンゴバタン》 membebani《ムムブバニ》 anggaran《アんガラン》 rumah《ルゥマハ》 tangganya《タんガニャ》. 医療費の支払いは、彼女の家計に重い負担をかけています。

pembayaran［プムバヤラン］は「支払い」という名詞です。語根は**bayar**［バヤル］で、**membayar**［ムムバヤル］「支払う」に由来する派生語です。**pengobatan**［プンゴバタン］は「治療」という名詞です。語根は**obat**［オバット］「薬」で、**mengobati**［ムンゴバティ］「治療をする」に由来する派生語です。

Pembacaan《プムバチャアン》 puisi《プゥイスィ》 mahasiswa《マハスィスワ》 Jepang《ジュパん》 sangat《サんガット》 pandai《パンダイ》.
日本人学生の詩の朗読は、とても上手でした。

pembacaan［プムバチャアン］は「朗読」という意味の名詞です。語根は**baca**［バチャ］で、**membaca**［ムムバチャ］「読む」に由来する名詞です。

接頭辞pe(r)-＋接尾辞-an

Track 74

接頭辞**per-**［プル］または**pe-**［プ］と接尾辞**-an**［アン］の派生語について学習します。どちらも派生語は名詞です。

⑴ per-anの名詞

①**per-**［プル］ + **ber-**動詞 + **-an**［アン］：**ber-**動詞によって表される「行為」や、その「結果」を表す名詞。

pekerjaan《プクルジャアン》　職業、仕事　← **bekerja**《ブクルジャ》　働く　← **kerja**《クルジャ》

②**per-** + **ber-**動詞 + **-an**：語根が表す意味の行為が行われる「場所」を表す名詞。

peristirahatan《プルイスティラハタン》　保養地　← **beristirahat**《ブルイスティラハット》　休憩する　← **istirahat**《イスティラハット》

③**per-** + 名詞 + **-an**：語根が意味する「業種」や「業界名」を表します。

perikanan［プリカナン］　漁業　← **ikan**［イカン］　魚

④**per-** + 名詞 + **-an**：語根が表す意味が集合する場所を表す。

pertokoan［プルトコアン］　商店街　← **toko**［トコ］　店

⑵ pe-anの名詞

①**pe-** + **me-**動詞 + **-an**：**me-**動詞が表す意味から、「〜すること」という意味の名詞になる。

penjualan［プンジュゥアらン］　販売　← **menjual**［ムンジュゥアる］　売る。

②**pe-** + **me-**動詞 + **-an**：**me-**動詞が表す意味から、その「結果」を表す名詞を作る。

pengumuman［プングゥムゥマン］　発表　← **mengumumkan**［ムングゥムゥムカン］ 発表する

③**pe-** + **me-**動詞 + **-an**：**me-**動詞が表す動作の「能力」を表す名詞を作る。

penciuman［プンチウゥマン］　嗅覚　← **mencium**［ムンチウゥム］　匂いを嗅ぐ

④**pe-** + **ber-**［ブル］動詞 / **me-**動詞 + **-an**：同じ語根から**per-** **-an**と**pe-** **-an**の両方の派生語ができる。

perbuatan《プルブゥアタン》　行為，**pembuatan**《プムブゥアタン》　作成、制作　← **buat**《ブゥアット》

⑤**pe-** + **-an**：語根や**me-**動詞から容易に想像しがたい意味変化が起こる単語もありますが、数はそう多くありません。

pendapatan［プンダパタン］　所得　← **mendapat**［ムンダパット］　得る

pendirian［プンディリアン］　見解　← **mendirikan**［ムンディリカン］　〜を建てる

Pelajaran 23

今日のあなたの洋服は素敵ですね

Pakaian Bapak hari ini bagus.

Track 75

Rahayu **Pakaian《パカイアン》 Bapak《ババッㇰ》 hari《ハリ》 ini《イニ》 bagus《バグゥス》.**

Tomoya **O《オ》, ini《イニ》 baju《バジュゥ》 sewaan《セワアン》.**

Blus《ブるゥス》 Ibu《イブゥ》 cantik《チャンティッㇰ》.

Rahayu **Blus《ブるゥス》 ini《イニ》 buatan《ブゥアタン》 ibu《イブゥ》 saya《サヤ》.**

Tomoya **Desainnya《デサインニャ》 bagus《バグゥス》 dan《ダン》 jahitannya《ジャヒタンニャ》 halus《ハるゥス》.**

Rahayu **Nenek《ネネッㇰ》 saya《サヤ》 pandai《パンダイ》 memasak《ムマサッㇰ》.**

Tomoya **Saya《サヤ》 pernah《プルナㇵ》 makan《マカン》.**

Masakannya《マサカンニャ》 enak《エナッㇰ》 sekali《スカり》.

ラハユ　今日のあなたの洋服は素敵ですね。
智也　あぁ、これは貸し衣裳です。
あなたのブラウスは可愛いですよ。
ラハユ　このブラウスは母が作ったものです。
智也　デザインはいいし、縫製が丁寧です。
ラハユ　私の祖母は料理をするのが上手です。
智也　私は食べたことがあります。
彼女の料理はとてもおいしかったです。

Pakaian《パカイアン》 **Bapak**《バパッㇰ》 **hari**《ハリ》 **ini**《イニ》 **bagus.**《バグゥス》	今日のあなたの洋服は素敵ですね。

pakaian［パカイアン］は「洋服」という意味です。**pakai**［パカイ］「着る」という動詞から派生した名詞です。語根の語尾に接尾辞**-an**［アン］がつき、「着るもの＝衣服、洋服」という名詞に変化します。

O,《オ》 **ini**《イニ》 **baju**《バジュゥ》 **sewaan.**《セワアン》	あぁ、これは貸し衣裳です。

sewaan［セワアン］は「借り物」という意味です。語根**sewa**［セワ］という動詞から派生した名詞です。語根の語尾に接尾辞**-an**がつき、「借りるもの＝借り物」という名詞に変化します。

Blus《ブるゥス》 **ini**《イニ》 **buatan**《ブゥアタン》 **ibu**《イブゥ》 **saya.**《サヤ》	このブラウスは母が作ったものです。

buatan［ブゥアタン］は「作ったもの」「〜製」という意味です。**buat**［ブゥアッㇳ］「作る」という動詞から派生した名詞です。語根の語尾に接尾辞**-an**がつき、「作ったもの」「〜製」という名詞に変化します。

Desainnya《デサインニャ》 **bagus**《バグゥス》 **dan**《ダン》 **jahitannya**《ジャヒタンニャ》 **halus.**《ハるゥス》	デザインはいいし、縫製が丁寧です。

jahitan［ジャヒタン］は「縫い方、縫製」という意味です。**jahit**［ジャヒッㇳ］「縫う」という動詞から派生した名詞です。語根の語尾に接尾辞**-an**がつき、「縫い目、縫い物、縫い方、縫製」という名詞に変化します。

Masakannya《マサカンニャ》 **enak**《エナッㇰ》 **sekali.**《スカり》	彼女の料理はとてもおいしかったです。

masakan［マサカン］は「料理」という意味です。**masak**［マサッㇰ］「料理する」という動詞から派生した名詞です。語根の語尾に接尾辞**-an**がつき、「料理」という名詞に変化します。

いろいろな表現

Track 76

Orang《オラん》 Islam《イスらム》 tidak《ティダック》 minum《ミヌゥム》 minuman《ミヌゥマン》 keras《クラス》.
イスラム教徒はアルコールを飲みません。

minuman [ミヌゥマン] は「飲み物」という意味で、語根**minum** [ミヌゥム]「飲む」という動詞から派生した名詞です。

Tabungan《タブゥンガン》 saya《サヤ》 belum《ブるゥム》 cukup《チュゥクゥップ》 untuk《ウゥントゥゥック》 membeli《ムムブり》 rumah《ルゥマハ》.
私の貯金は家を買うにはまだ足りません。

tabungan [タブゥンガン] は「貯金」という意味で、**menabung** [ムナブゥん]「貯金する」（語根は**tabung** [タブゥん]）という動詞から派生した名詞です。

Saya《サヤ》 tidak《ティダック》 suka《スゥカ》 manisan《マニサン》 pala《パら》. 私はナツメグの甘漬けが嫌いです。

manisan [マニサン] は「甘いもの、お菓子、甘漬け」という意味で、語根は**manis** [マニス]「甘い」という形容詞です。接尾辞-**an** [アン] がつき、その形容詞の特徴をもつ、物を表す名詞に変化しています。

Atasan《アタサン》 saya《サヤ》 berasal《ブルアサる》 dari《ダリ》 Balikpapan《バりックパパン》. 私の上司はバリックパパンの出身です。

atasan [アタサン] は「上司」という意味で、語根は**atas** [アタス]「上」という名詞です。接尾辞-**an**がつき、その名詞の意味する特徴をもつ人を表す別の名詞に変化しています。

Saya《サヤ》 suka《スゥカ》 buah《ブゥアハ》-buahan《ブゥアハン》 tropis《トゥロピス》. 私は熱帯の果物が好きです。

buah-buahan [ブゥアハ ブゥアハン] は「果物類」という意味で、語根は**buah** [ブゥアハ]「実」という名詞です。同じ名詞を２度繰り返し語尾に接尾辞-**an**をつけ、その名詞の意味する物の集合体、類目を表す名詞を作ります。

接尾辞 -an

Track 77

この課では、接尾辞-an［アン］による派生語の特徴を学習します。

(1) **動詞＋-an**：動詞の意味する動作の結果を表す名詞になる。

sumbangan［スゥムバンガン］ 寄付
← **menyumbang**［ムニュゥムバん］ 寄付をする

ukuran［ウゥクゥラン］ サイズ、大きさ
← **mengukur**［ムングゥクゥル］ 測る

(2) **形容詞＋-an**：形容詞の意味する特徴をもつ物や場所を表す名詞になる。

bundaran［ブゥンダラン］ ロータリー ← **bundar**［ブゥンダル］ 丸い

manisan［マニサン］ お菓子、甘漬け ← **manis**［マニス］ 甘い

(3) **名詞＋-an**：名詞の意味する特徴をもつ物や場所や人を表す名詞になる。

atasan［アタサン］ 上司 ← **atas**［アタス］ 上

bawahan［バワハン］ 部下 ← **bawah**［バワハ］ 下

(4) **時に関する名詞＋-an**：時間的周期性、定期性を表す名詞になる。

mingguan［ミんグゥアン］ 週ごと ← **minggu**［ミんグゥ］ 週

bulanan［ブゥらナン］ 月ごと ← **bulan**［ブゥらン］ 月

tahunan［タフゥナン］ 年ごと ← **tahun**［タフゥン］ 年

(5) **位・単位＋-an**：位や単位を基準として数量を限定しない複数を表す名詞になる。

puluhan［プゥるゥハン］ 数十 ← **puluh**［プゥるゥフ］ 十

jutaan［ジュゥタアン］ 数百万 ← **juta**［ジュゥタ］ 百万

kiloan［キろアン］ キロ単位 ← **kilo**［キろ］ キロ

batangan［バタンガン］ 一本単位 ← **batang**［バタん］ 棒

(6) **同じ単語を2度繰り返して、語尾に接尾辞-an**：その名詞の集合体や類目、似せて作ったものを表す名詞になる。

sayur-sayuran［サユゥル　サユゥラン］ 野菜類 ← **sayur**［サユゥル］ 野菜

tumbuh-tumbuhan［トゥゥムブゥフ トゥゥムブゥハン］ 植物
← **tumbuh**［トゥゥムブゥフ］ 生える、成長する

mobil-mobilan［モビる　モビらン］ おもちゃの車 ← **mobil**［モビる］ 車

Pelajaran 24

私があなたの家で飲んだコーヒーはおいしかったです

Kopi yang saya minum di rumah Ibu sedap.

Track 78

Tomoya **Kopi《コピ》 yang《ヤん》 saya《サヤ》 minum《ミヌゥム》 di《ディ》 rumah《ルゥマㇵ》 Ibu《イブゥ》 sedap《スダッㇷ゚》.**

Rahayu **Kopi《コピ》 yang《ヤん》 Bapak《バパッㇰ》 minum《ミヌゥム》 adalah《アダらㇵ》 kopi《コピ》 Toraja《トラジャ》.**

Tomoya **Saya《サヤ》 suka《スゥカ》 kopi《コピ》 yang《ヤん》 tidak《ティダッㇰ》 asam《アサム》.**

Rahayu **Saya《サヤ》 suka《スゥカ》 yang《ヤん》 pahit《パヒッㇳ》.**

Tomoya **Ini《イニ》 kopi《コピ》 yang《ヤん》 paling《パりん》 mahal《マハる》 di《ディ》 Indonesia《インドネスィア》.**

Rahayu **Kopi《コピ》 luwak《るゥワッㇰ》?**

Tomoya **Ya《ヤ》, betul《ブトゥゥる》.**

智也　私があなたの家で飲んだコーヒーはおいしかったです。
ラハユ　あなたが飲んだコーヒーは、トラジャコーヒーです。
智也　私は酸っぱくないコーヒーが好きです。
ラハユ　私は苦いのが好きです。
智也　これはインドネシアでいちばん高価なコーヒーです。
ラハユ　ルワックコーヒー？
智也　はい、そうです。

Kopi《コピ》 yang《ヤん》 saya《サヤ》 minum《ミヌウム》 di《ディ》 rumah《ルゥマハ》 Ibu《イブゥ》 sedap《スダップ》.

私があなたの家で飲んだコーヒーはおいしかったです。

yang ［ヤん］ は関係代名詞です。yangの前にある語句をyangの後ろにある語句で説明する時に使います。Coklat yang saya minum di kafe manis sekali. ［チョックらット　ヤん　サヤ　ミヌウム　ディ　カフェ　マニス　スカり］「私がカフェで飲んだココアは、とても甘かったです」のように使います。

Kopi《コピ》 yang《ヤん》 Bapak《バパック》 minum《ミヌウム》 adalah《アダらハ》 kopi《コピ》 Toraja《トラジャ》.

あなたが飲んだコーヒーは、トラジャコーヒーです。

adalah ［アダらハ］ は「～である」という意味です。A adalah B で、「AはBである」という表現ができます。

Saya《サヤ》 suka《スゥカ》 kopi《コピ》 yang《ヤん》 tidak《ティダック》 asam《アサム》.

私は酸っぱくないコーヒーが好きです。

Saya suka kopi. ［サヤ　スゥカ　コピ］は、「私はコーヒーが好きです」という意味ですが、どのようなコーヒーかをyangの後ろの部分(tidak asam ［ティダック　アサム］)で「酸っぱくない」と説明しています。Saya suka kopi yang tidak kental. ［サヤ　スゥカ　コピ　ヤん　ティダック　クンタる］「私は濃くないコーヒーが好きです」

Saya《サヤ》 suka《スゥカ》 yang《ヤん》 pahit《パヒット》.

私は苦いのが好きです。

このyangは、「～のほう、～なもの」という意味の用例です。状況からyangで説明されるものがわかっている場合に、yangの前に置くべき語を省略する使い方があります。

Ya《ヤ》, betul《ブトゥゥる》.

はい、そうです。

betul ［ブトゥゥる］ は「正しい、本当である、そのとおりである」という意味です。「まちがい」という場合は、salah ［サらハ］ を使います。

いろいろな表現

Track 79

Itu《イトゥゥ》　hotel《ホテる》 yang《ヤん》 baru.《バルゥ》　あれは新しいホテルです。

yang baru［ヤん　バルゥ］は、**yang**［ヤん］＋形容詞 の構造です。この場合、**yang**があってもなくても、意味にさほど差がありませんが、**Itu hotel baru.**［イトゥゥ　ホテる　バルゥ］よりも**yang**があった方が、後続する形容詞が強調されるニュアンスがあります。

Itu《イトゥゥ》　rumah《ルゥマハ》 sakit《サキット》 yang《ヤん》 baru《バルゥ》 dan《ダン》 besar.《ブサル》　あれは新しくて大きな病院です。

yang baru dan besar［ヤん　バルゥ　ダン　ブサル］は、**yang**＋形容詞１＋**dan**＋形容詞２ の構造です。**yang**に後続する語が２語以上の場合は、必ず**yang**を使います。

Maria《マリア》 yang《ヤん》 mengajak《ムんガジャック》 saya《サヤ》 ke《ク》 Bogor.《ボゴル》　マリアが私をボゴールへ誘いました。

この例文は、主語の**Maria**を強調する**yang**の用例です。**yang**を使わずに**Maria mengajak saya ke Bogor.**［マリア　ムンガジャック　サヤ　ク　ボゴル］のパターンでは、「マリアは私をボゴールへ誘いました」という意味ですが、**Maria yang ...**とすると、「マリアが～」となり、主語が強調されます。

Yang《ヤん》 berdiri《ブルディリ》 di《ディ》 sana《サナ》 adalah《アダらハ》 direktur《ディレクトゥゥル》 perusahaan《プルゥサハアン》 kami.《カミ》
あそこに立っているのは、私たちの会社の社長です。

Yangから始まる用例では、**yang**は「～なほう、～の」の意味の用法です。話の流れから、本来**yang**の前で示されるべき物や人がわかっている場合に使われる用法です。

この課のポイント

yangの用法

Track 80

この課では、名詞と形容詞をつなぐ**yang**［ヤん］の用法を学習します。関係代名詞的な**yang**の用法については文法編　P.145を参照してください。

①名詞と１つの形容詞からなるシンプルな修飾関係の場合は、**yang**があってもなくても成り立つものです。**yang**があるほうが、その後に続く形容詞が引き立つようなニュアンスがあります。

Ini《イニ》 apartemen《アパルトゥメン》 mewah《メワハ》.
これは高級なマンションです。

Ini《イニ》 apartemen《アパルトゥメン》 yang《ヤん》 mewah《メワハ》.

②**yang**に後続する形容詞が２つ以上ある場合は、**yang**の前にある名詞に直接複数の形容詞を後続させることができません。名詞＋ yang＋形容詞＋dan［ダン］＋形容詞 となるよう**yang**を省略できません。

Ini《イニ》 toserba《トスルバ》 yang《ヤん》 mewah《メワハ》 dan《ダン》 baru《バル》.
これは高級な新しい百貨店です。

③**yang**に後続する形容詞に**paling**［パりん］「いちばん、最も」のような修飾語が使われる場合も、 名詞＋yang＋修飾語（paling, sangat［サんガット］など）＋形容詞 となるよう**yang**を省略できません。

Ini《イニ》 rumah《ルゥマハ》 sakit《サキット》 yang《ヤん》 paling《パりん》 besar《ブサル》 di《ディ》 Jakarta《ジャカルタ》.
これはジャカルタでいちばん大きな病院です。

文法編

Track 81

1 人称代名詞

人称	単数	複数	主格	所有格
1人称 私	**saya**《サヤ》	**kami**《カミ》 (話し相手を含まない) **kita**《キタ》 (話し相手を含む)	**Saya** ... **Kami** ... **Kita** ...	名詞＋**saya** 名詞＋**kami** 名詞＋**kita**
2人称 あなた	**Anda**《アンダ》 (両性、初対面)	**Anda sekalian**《アンダ　スカりアン》	**Anda** ... **Anda sekalian** ...	名詞＋**Anda** 名詞＋**Anda sekalian**
	Bapak《バパッㇰ》 (男性で年上)	**Bapak-Bapak**	**Bapak** ... **Bapak-Bapak** ...	名詞＋**Bapak** 名詞＋**Bapak-Bapak**
	Ibu《イブゥ》 (女性で年上)	**Ibu-Ibu**	**Ibu** ... **Ibu-Ibu** ...	名詞＋**Ibu** 名詞＋**Ibu-Ibu**
	Saudara*《サウゥダラ》 (同等、目下)	**saudara-saudara**	**Saudara** ... **Saudara-saudara** ...	名詞＋**Saudara** 名詞＋**Saudara-saudara**
3人称 彼・彼女	**dia**《ディア》 / **ia**《イア》 (両性)	**Mereka**《ムレカ》	**Mereka** ...	名詞＋**-nya** 名詞＋**mereka**
	beliau《ブリアウゥ》 (両性で「あの方」の意味)	**Mereka**	**Mereka** ...	名詞＋**beliau** 名詞＋**mereka**

*女性形は**Saudari** [サウゥダリ]。ただし、男性形の**Saudara**は両性に使える。
*親しい間柄では**kamu** [カムゥ]「君」を使うこともある。

dia, **ia**, **beliau**を除き、格変化による綴りの変化はしません。
二人称の人称代名詞は、人称代名詞＋人名 の語順で用いれば、人称代名詞が敬称の意味として使われます。この場合も、相手の性別や立場、年齢により適切な人称代名詞を選ばなければなりません。**Anda**は敬称として使いません。

Bapak Manopo　マノポさん（男性のマノポさんで、年齢や立場が上）
Saudara Manopo　マノポさん（男性のマノポさんで、年齢や立場が同等か下）

Track 82

2　指示代名詞：ini, itu「これ」「それ」「あれ」

(1) 指示代名詞の使い分け

話し手の近くのものには**ini**、離れているものや遠くのものには**itu**を、あらゆる対象に使うことができます。

Ini singa dan itu harimau.　　これはライオンで、それはトラです。

(2) 指示代名詞を修飾語として使う方法

指示代名詞を「この～」「あの～」のように修飾語として使う場合、語順は ～＋**ini**、 ～＋**itu** になります。日本語の場合と逆になります。

mangga ini　　このマンゴー

pohon kelapa itu　　あのヤシの木

(3) 指示代名詞の複数表現

iniと**itu**には複数形がありませんので、文脈から単数か複数かを判断します。

barang-barang ini　　これらの荷物

piring-piring itu　　それらの皿

Track 83

3　疑問詞 apa「何」

(1) **apa**は「何」という意味で、人以外のものの名前をたずねる時に使います。

Apa ini?　　これは何ですか？

Ini kerupuk udang.　　これは海老せんべいです。

(2) 名詞＋**apa**の語順で、「何の～」と聞くことができます。

Ikan apa ini?　　これは何の魚ですか？

Ini ikan gurami.　　これはグラミです。

Track 84

4　「はい」「いいえ」で答える疑問文

(1) 文頭に**Apakah**あるいは**Apa**をつけて、「はい」「いいえ」で答える疑問文を作ります。例文の後者は日常会話でよく使われます。

Apakah ini kopi susu?　／　**Apa ini kopi susu?**

これはミルクコーヒーですか？

(2)「はい」「いいえ」

「はい」は**Ya**、「いいえ」は**Bukan**です。

Ya, ini kopi susu.　はい、これはミルクコーヒーです。

Bukan, ini bukan kopi susu.　いいえ、これはミルクコーヒーではありません。

(3) 名詞の否定：**bukan**

「～（名詞）ではない」という場合、**bukan** + 名詞 の語順で表現します。
bukanは名詞を否定するための否定詞です。

Itu bukan es teh tawar.　それはアイスストレートティーではありません。

(4) 名詞以外の否定：**tidak**

名詞以外の品詞を否定する場合は、**tidak**を使います。語順は **tidak** + 否定する語 で「～ではない」と表現します。また、「いいえ」も**tidak**を使います。

(Apakah) Anda mau coklat?　あなたはチョコレートが欲しいですか？

Tidak, saya tidak mau coklat.　いいえ、私はチョコレートが欲しくありません。

Track 85

5　曜日・月・日付

(1) 曜日　**hari**

hari《ハリ》 **Senin**《スニン》 月曜日	**hari**《ハリ》 **Selasa**《スらサ》 火曜日	**hari**《ハリ》 **Rabu**《ラブゥ》 水曜日	**hari**《ハリ》 **Kamis**《カミス》 木曜日
hari《ハリ》 **Jumat**《ジュゥマット》 金曜日	**hari**《ハリ》 **Sabtu**《サプトゥゥ》 土曜日	**hari**《ハリ》 **Minggu**《ミんグゥ》* 日曜日	**hari**《ハリ》 **libur**《りブゥル》 休日

*Mingguの**M**を小文字で書くと、「週」の意味。

日に関する使用頻度が高い単語：

hari raya 祭日　**hari peringatan** 記念日　**hari kerja** 営業日

hari biasa 平日　**jam kerja** 営業時間　**cuti**（会社の）休暇

(2) 月　**bulan**

bulan《ブゥらん》 **Januari**《ジャヌゥアリ》 1月	**bulan**《ブゥらん》 **Februari**《フェブルゥアリ》 2月	**bulan**《ブゥらん》 **Maret**《マルッㇳ》 3月	**bulan**《ブゥらん》 **April**《アプリる》 4月	**bulan**《ブゥらん》 **Mei**《メイ》 5月	**bulan**《ブゥらん》 **Juni**《ジュゥニ》 6月
bulan《ブゥらん》 **Juli**《ジュゥり》 7月	**bulan**《ブゥらん》 **Agustus**《アグゥスゥトゥス》 8月	**bulan**《ブゥらん》 **September**《セプテムブル》 9月	**bulan**《ブゥらん》 **Oktober**《オクトブル》 10月	**bulan**《ブゥらん》 **November**《ノフェムブル》 11月	**bulan**《ブゥらん》 **Desember**《デセムブル》 12月

(3) 日付、月名、年号と日数、月数、年数

日付の言い方：日本語と逆順です。

tanggal 1 bulan Januari tahun 2018　　2018年1月1日

↑　↑　↑　↑　↑　↑

日付　数字　月　月名　年　年号

日数・月数・年数の言い方：日本語と同じ順です。

dua hari　　2日間

↑　↑

数字　日

月数、年数は、上の**hari**を**bulan**, **tahun**に入れ替えます。

(4) 過去、現在、未来の表現

yang lalu　～前　　**sekarang**　今　　**yang akan datang**　～後

hari Senin yang lalu　　先週の月曜日

hari Senin yang akan datang　　今度の月曜日

(5) 周期の表現

「毎～」の表現は、**setiap**＋基本とする周期を表す語 で表現します。

setiap hari　毎日　　**setiap minggu**　毎週　　**setiap bulan**　毎月

(6) 場所以外の前置詞

kepada《クパダ》	～へ、～に （人に対して）	**Danan**《ダナン》 **bertanya**《ブルタニャ》 **kepada**《クパダ》 **Ibu**《イブゥ》 **Rahayu**《ラハユゥ》. ダナンはラハユさんに質問しました。
pada《パダ》	～に （時間的なこと）	**Kami**《カミ》 **bertemu**《ブルトゥムゥ》 **di**《ディ》 **Senayan**《スナヤン》 **pada**《パダ》 **hari**《ハリ》 **Senin**《スニン》 **malam**《マラム》. 私たちは月曜日の夜に、スナヤンで会います。
sejak《スジャッㇰ》	～から	**Sejak**《スジャッㇰ》 **tadi**《タディ》 **malam**《マラム》, **anak**《アナッㇰ》 **saya**《サヤ》 **sakit**《サキッㇳ》 **perut**《プレゥッㇳ》. 昨晩から、私の子供はお腹が痛いです。
dengan《ドゥんガン》	～で、～と （手段や方法）	**Mereka**《ムレカ》 **berangkat**《ブらんカッㇳ》 **dengan**《ドゥンガン》 **sepeda**《スペダ》. 彼らは自転車で出発しました。 **Orang**《オラん》 **Indonesia**《インドネスィア》 **makan**《マカン》 **dengan**《ドゥンガン》 **sendok**《センドッㇰ》 **dan**《ダン》 **garpu**《ガルプゥ》.　インドネシア人はスプーンとフォークで食事をします。

Track 86

6 疑問詞 kapan「いつ」

時に関する質問をする時に使います。

Kapan Anda datang dari Jepang?　いつあなたは日本から来ますか？

Kapan kita pergi makan sate?　いつ私たちはサテを食べに行きますか？

Track 87

7 疑問詞 berapa「いくら」

beparaは「いくら」「いくつ」という意味で、数に関することをたずねる時に使います。

Berapa itu?　それはいくらですか？

Berapa buah?　何個ですか？

Tanggal berapa?　何日ですか？

Track 88

8 助数詞

(1) 人や物を数える時に使う助数詞

助数詞	対象	
orang《オラん》 ～人	人	**seorang**《スオラん》 **guru**《グゥルゥ》 １人の教員
ekor《エコル》 ～匹、～頭、～羽、～尾	人、植物以外の生き物	**dua**《ドゥウア》 **ekor**《エコル》 **sapi**《サピ》 ２頭の牛
buah《ブゥアㇵ》 ～台、～棟、～軒、～個、～脚、～竿	人、動物以外の多くの物	**tiga**《ティガ》 **buah**《ブゥアㇵ》 **mobil**《モビる》 ３台の自動車
lembar《るムバル》 ～枚	紙など薄い物	**empat**《ウムパッㇳ》 **lembar**《るムバル》 **kertas**《クルタス》 **fotocopy**《フォトコピ》 ４枚のコピー用紙
butir《ブゥティル》 ～個	丸い物	**lima**《りま》 **butir**《ブゥティル》 **telur**《トゥるゥル》 **ayam**《アヤム》 ５個の鶏卵
biji《ビジ》 ～粒、～錠	小さい粒状の物	**enam**《ウナム》 **biji**《ビジ》 **pil**《ピる》 ６錠の錠剤

(2) 食品など容器で数える物

piring《ピリん》 ～皿	皿に盛り付ける料理	**sepiring**《スピリん》 **nasi**《ナスィ》 **putih**《プゥティㇶ》 １皿のご飯
gelas《グらス》 ～杯	コップに入っている物	**dua**《ドゥウア》 **gelas**《グらス》 **jus**《ジュゥス》 ２杯のジュース
cangkir《チャんキル》 ～杯	カップに入っている物	**tiga**《ティガ》 **cangkir**《チャんキル》 **teh**《テヘ》 ３杯の紅茶
botol《ボトる》 ～本	瓶に入っている物	**empat**《ウムパッㇳ》 **botol**《ボトる》 **air**《アイル》 **minum**《ミヌゥム》 ４本の飲料水
kaleng《カれん》 ～缶	缶に入っている物	**lima**《りマ》 **kaleng**《カれん》 **bir**《ビル》 ５缶のビール
sendok《センドッㇰ》 ～杯	スプーンで数える物	**dua**《ドゥウア》 **sendok**《センドッㇰ》 **gula**《グゥら》 スプーン２杯の砂糖
porsi《ポルスィ》 ～人前	料理全般	**tiga**《ティガ》 **porsi**《ポルスィ》 **mie**《ミ》 **ayam**《アヤム》 ３人前の鶏そば

(3) 助数詞の使い方

助数詞は、数＋適切な助数詞＋数える対象の名前の順で使います。

Minta tiga lembar kertas.　３枚の紙をください。

↑　↑　↑

数字　助数詞　数える対象の名前

３　枚　紙

(4)「１つ」の言い方

「１つ」の場合は**satu**が**se-**[ス]となり、助数詞とくっついて１語にすることができます。

sebuah rumah　１軒の家

↑　↑　↑

１　軒　家

会話では時々**se-**ではなく、**satu**＋助数詞＋名詞のまま使われることもあります。

(5)「各〜」の表現

「各〜」の表現は、**setiap**＋基本とする人や物などを表す語で表現します。

setiap orang　各人

setiap kelompok　各グループ

(6) 序数

「第１」以外は、数詞の前に**ke-**をつけます。

第１　**pertama**

第２　**kedua**

第３　**ketiga**

(7) 桁の大きな数

インドネシア語には日本語の「万」にあたる語がありません。1万から99万台の数は、**ribu**「千」を使って数えます。100万以上は**juta**[ジュッタ]「100万」を使って数えます。

10.000　**sepuluh ribu**

1万　10　の　1000　という考え方です。

100.000　**seratus ribu**

10万	100　の　1000　という考え方です。
1.000.000	**satu juta**
100万	1つ　の　100万
10.000.000	**sepuluh juta**
1000万	10　の　100万
100.000.000	**seratus juta**
1億	100　の　100万

Track 89

9　時計の読み方

何時ジャストの場合　Tepat《トゥバット》 jam《ジャム》 □ ← その時間の数字

Tepat jam 7 → 7時ちょうど

15分の場合

jam《ジャム》 □ lewat《れワット》 seperempat《スフルウムパット》

↑その時間の数字

jam 7 lewat seperempat

→ 7：15

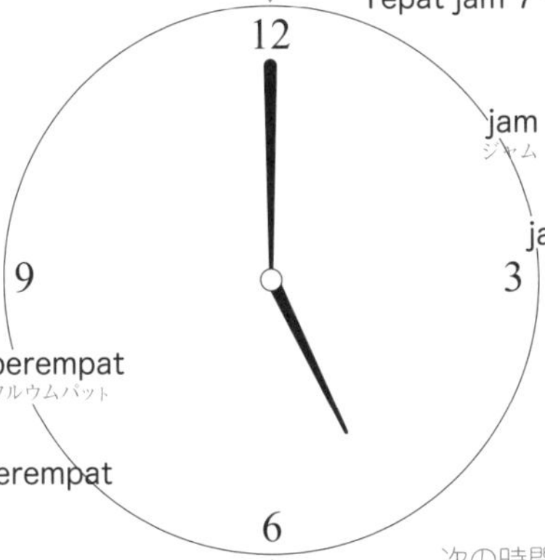

45分の場合

jam《ジャム》 □ kurang《クゥらん》 seperempat《スフルウムパット》

↑次の時間の数字

jam 8 kurang seperempat

→ 7：45

次の時間の数字↓

30分の場合　jam《ジャム》 setengah《ストゥンガハ》 □

jam setengah 8 → 7：30

その「時間」の数字　その「分」の数字

30分までは　jam《ジャム》 □ lewat《れワット》 □ menit《ムニット》

～時半の時は　jam《ジャム》 setengah《ストゥンガハ》 □

└次の「時間」の数字

45分以降は　jam《ジャム》 □ kurang《クゥらん》 □ menit

次の「時間」の数字　└次の時間までに足りない分数《ふんすう》

10　動詞

(1) インドネシア語の単語の構成：インドネシア語の単語は、主に4つのタイプの構成から成り立っています。
①語根：単語を辞書で調べる時の見出し語
②接頭辞＋語根
③語根＋接尾辞
④接頭辞＋語根＋接尾辞

上の②、③、④のような接頭辞や接尾辞を伴う形の単語を、語根に対し派生語と言います。接頭辞とは語根の語頭につけられるもので、接尾辞は語尾につけられるものです。接頭辞や接尾辞は単独では意味をもちませんが、単語の意味が変化することから、接辞は意味変化や品詞を変える機能をもっています。

⑵ 語根動詞：接頭辞や接尾辞をつけず、辞書に載っている形のまま使う動詞を語根動詞と言います。語根動詞には、日常よく使う動詞が多く含まれます。

masuk《マスッㇰ》 入る	**keluar**《クるゥアル》 出る	**pergi**《プルギ》 行く、出かける	**pulang**《プゥらん》 帰る
maju《マジュゥ》 前進する	**mundur**《ムゥンドゥゥル》 後退する	**ingat**《インガッㇳ》 覚えている	**lupa**《るゥパ》 忘れる
lahir《らヒル》 生まれる	**mati**《マティ》 死ぬ、消える	**hidup**《ヒドゥゥッㇷ゚》 生きる、生活する	**ada**《アダ》 ある、いる
tiba《ティバ》 到着する	**sampai**《サムパイ》 到着する	**singgah**《スィんガㇵ》 立ち寄る	**mampir**《マムピル》 立ち寄る
duduk《ドゥゥドゥゥッㇰ》 座る	**mau**《マウゥ》 欲しい	**putus**《プゥトゥゥス》 切れる	**kawin**《かウィン》 結婚する
suka《スゥカ》 好きである	**jatuh**《ジャトゥゥㇷ》 落ちる、転ぶ	**hadir**《ハディル》 出席する	**habis**《ハビス》 なくなる
ikut《イクゥッㇳ》 参加する、ついて行く	**makan**《マカン》 食事をする、食べる	**minum**《ミヌゥム》 飲む	**bangun**《バングゥン》 起きる、立ち上がる
tidur《ティドゥゥル》 寝る	**mandi**《マンディ》 水浴びする	**tinggal**《ティんガる》 住む、滞在する	**datang**《ダタん》 来る
berangkat《ブラんカッㇳ》 出発する	**hilang**《ヒらん》 なくなる、行方不明になる	**absen**《アㇷ゚セン》 欠席する	**hangus**《ハングゥス》 焦げる

mekar《ムカル》 開花する	**layu**《らユゥ》 しおれる	**runtuh**《ルゥントゥウフ》 崩れ落ちる	**tenggelam**《トゥんグらム》 沈む

(3) **ber**-動詞：「自動詞」に分類されます。

接頭辞**ber**-の変化規則

ber-のつづり	条　　件	単　語　例
be-《ブ》	**A**　先頭の文字が**r**で始まる単語 **B**　語根の第一音節に**er**の綴りがある単語	**be*r*ambut**《ブラムブゥット》 毛が生えている **bek*er*ja**《ブクルジャ》 仕事をする
bel-《ブる》	**ajar**［アジャル］限定	**bel*ajar***《ブらジャル》 勉強する
ber-《ブル》	上の条件以外の単語	**bertemu**《ブルトゥムゥ》 会う

(4) **ber**-の派生語の意味変化

①語根が動詞の場合（その１）

多くの場合、**ber**-の有無により、それぞれの単語の意味に変化がありません。接頭辞をつければフォーマルな言葉遣いです。

ber*bicara* / **bicara**［ビチャラ］　話す、しゃべる

②語根が動詞の場合（その２）

ber-の有無により、まれに意味が変化するものもあります。

berada　滞在する　← **ada**　ある、いる

belajar　学ぶ、学習する　← (**meng**) **ajar**　教える

③語根の名詞を「着用する」「用いる」という意味に変化。

berkacamata　眼鏡をかけている　← **kacamata**　眼鏡

④語根の名詞を「持っている」という意味に変化。

beruang　お金を持っている　← **uang**　お金

⑤語根の名詞に「乗る」「運転する」という意味に変化。

berkuda　馬に乗る　← **kuda**　馬

⑥語根の名詞を「生み出す」「出す」という意味に変化。

bertelur　卵を産む　← **telur**　卵

⑦語根の名詞と「関係がある」という意味に変化。

bersaudara　兄弟同士である　← **saudara**　兄弟

⑧語根の名詞を「する」「行為をする」という意味に変化。

berbelanja　買い物をする　← **belanja**　買い物

⑨語根の形容詞の「状態にある」という意味に変化。

berbahagia　幸福である、幸せである　← **bahagia**　幸福な、幸せな

⑩語根の数詞が表す「合計」を意味する。

berdua　2人は、2つで　← **dua**　2

＊**bersatu**は、「1つにまとまる」「団結する」という意味の動詞に変化します。

⑸ **me-**動詞：他動詞に分類されます。

接頭辞**me-**の変化規則

me-の綴り	条　件	単　語　例
me- / pe-	語根の先頭文字が**l**, **m**, **n**, **r**, **w**, **y**, **ng**, **ny**で始まる単語	**menyanyi**《ムニャニィ》 歌う
mem- / pem-	語根の先頭文字が**b**, **f**, (**p**), **v**で始まる単語	**membaca**《ムムバチャ》 読む
men- / pen-	語根の先頭文字が**c**, **d**, **j**, (**t**), **z**, **sy**で始まる単語	**menukar**《ムヌゥカル》 (**tukar**) 交換する
meng- / peng-	語根の先頭文字が**a**, **i**, **u**, **e**, **o**, **g**, **h**, (**k**), **kh**で始まる単語	**mengirim**《ムンギリム》 (**kirim**) 送る
meny- / peny-	語根の先頭文字が(**s**)で始まる単語	**menyangka**《ムニャんカ》 (**sangka**) 思う、想像する
menge- / penge-	語根が一音節からなる単語	**mengecek**《ムングチェック》 チェックする

*表中の(　)の中の文字が先頭の単語に**me-**をつける場合、(　)内の文字は消失。
*併記している**pe-**は、P.109参照。

⑹ **me-**の派生語の意味

①語根が動詞の場合

me-の有無により、それぞれの単語の意味は変化しません。接頭辞をつければフォーマルな言葉遣いです。

menerima　受け取る　← **terima**　受け取る

②語根が名詞の場合

「〜を作る」「〜で〜をする」「〜のようになる」「〜へ向かう」「〜を飲む、吸う」「〜として生きる」などのような意味に変化し、品詞も名詞から動詞に変わりま

す。

menyapu　（ほうきで）掃く　← **sapu**　ほうき
menyemut　群がる　← **semut**　蟻
mengudara　空に舞い上がる、オンエア中である　← **udara**　空気
mengopi　コーヒーを飲む　← **kopi**　コーヒー

③語根が形容詞の場合
その形容詞の「状態になる」という意味に変化し、品詞も形容詞から動詞に変わります。

mendingn　温度が下がる、冷え込む　← **dingin**　寒い、冷たい

⑺ 応用上級編
接頭辞**me-**や**memper-**と同時に接尾辞**-kan**, **-i**をつけて使う動詞があります。応用上級レベルですので、ここでは簡単に派生語の意味の傾向を紹介します。

●**me-kan**動詞
①**me-** + 自動詞 + **-kan**：派生語は、語根の表す行為のようにするという意味の他動詞になります。
②**me-** + 形容詞 + **-kan**：派生語は、語根である形容詞の状態にするという意味の他動詞になります。
③**me-** + 名詞 + **-kan**：派生語は、語根である名詞を目的語に対して与える、適用するという意味の他動詞になります。
④**me-** + 他動詞 + **-kan**：派生語は、語根の表す行為を他者のためにするという意味に変化します。

●**me-i**動詞
①**me-**+他動詞 + **-i**：接尾辞**-i**は繰り返しや念入りの意味を表します。
②**me-**+名詞 + **-i**：語根の名詞を与えるという意味に変化します。
③**me-** + 名詞 + **-i**：語根の名詞として振る舞うという意味に変化します。

●**memper-**動詞
①**memper-** + 形容詞：よりいっそう語根が表す形容詞の状態にするという意味に変化します。
②**memper-** + 名詞：語根の意味する名詞にするという意味に変化します（このような用例は、あまり多くない）。
③**memper-** + 動詞 **-kan**：語根が意味する動詞になるようにするという意味に変

化します。
④**memper-** ＋名詞＋ **-kan**：語根の名詞とするという意味に変化します。

Track 90

11 受動表現

⑴ 行為する人（主語）が一人称、二人称の場合

能動態：**Saya belum membersihkan kamar tidur.**
私はまだ寝室を掃除していません。

受動態：**Kamar tidur belum saya bersihkan.**
寝室をまだ私は掃除していません。

能動態は表現の中心が行為をする主語であるのに対し、受動態では行為を受ける目的語が表現の中心になります。受動態の文では、目的語が文頭に置かれ、語順は、行為する人（主語）が一人称、二人称の受動態文の文型は、目的語→助動詞・否定詞→主語→動詞→時間や場所を表す語 となります。この時に注意すべきことは、**me-**動詞の接頭辞**me-**を外すことです。なお、接尾辞を伴う**me-**動詞の場合、接頭辞**me-**のみが外され、接尾辞**-kan**や**-i**はそのまま残ります。

⑵ 行為する人（主語）が具体的な三人称の場合

能動態：**Teman Pak Joko memperbaiki sepeda motor Pak Joko.**
ジョコさんの友人はジョコさんのバイクを修理します。

受動態：**Sepeda motor Pak Joko diperbaiki temannya.**
ジョコさんのバイクは、彼の友人によって修理されました。

行為をする人（主語）が三人称の受動態文では、動詞に接頭辞**di-**を使い、語順は 目的語→助動詞・否定詞→**di-** ＋動詞→**oleh**→主語→時間や場所を表す語 となります。三人称の受動態の場合、動詞につける接頭辞は**me-**ではなく**di-**であり、動詞の後ろの**oleh**（～によって）に後続して行為をする人が置かれるという特徴があります。また、**oleh**を省略し、動詞の直後に行為をする人を置くこともできます。なお、接尾辞を伴う**me-**動詞の場合、接尾辞**-kan**や**-i**はそのまま残ります。

⑶ 行為する人（主語）が**dia**（三人称）の場合
能動態：**Dia memasak ikan bakar.**　彼女は焼き魚を料理します。
受動態：**Ikan bakar dimasaknya.**　焼き魚は彼女によって料理されます。

上の文章は、行為をする人を具体的に「誰」と言わない、「彼」「彼女」の場合の受動態文です。行為をする**dia**は受動態文の中では**-nya**と形を変え、動詞の受動態形の語尾につけます。本来は、**Ikan bakar dimasak olehnya.**ですが、**oleh**を省略し、**dimasaknya**とすることもできます。

⑷ 行為の結果、得られる状態に焦点をあてた「～されている」の表現
Makanan kecil tersedia di ruang rapat.
軽食はもう会議室に用意されています。

⑴～⑶で説明した受動態は、行為に焦点をあてた受動表現であるのに対し、接頭辞 **ter-**＋動詞 による表現は、行為の結果得られる状態に焦点をあてた表現です。この表現は、 **ter-**＋動詞 の部分を **sudah di-**＋動詞 で類似表現ができます。

⑸ 無意識、不本意な行為「ついつい」「うっかり」の表現
Dodi tertidur di ruang kuliah.　ドディは講義室で居眠りをしてしまいました。

接頭辞 **ter-**＋動詞 では、意図的にやろうとして行う動作ではなく、うっかり、ついやってしまうニュアンスを表現します。

⑹ 可能「～されうる」の表現
Dari kamar saya terdengar suara gamelan.
私の部屋からガムランの音が聞こえます。

接頭辞 **ter-**＋動詞 では、「～されうる」という可能の意味の表現ができます。この表現は、 **ter-**＋動詞 の部分を **dapat di-**＋動詞 、 **bisa di-**＋動詞 に書き換えて類似表現ができます。

Track 91

12 時制・経験・頻度の表現

⑴ 動詞は時制により形が変わりません。時制を限定したい場合には助動詞を使います。

sudah《スゥダハ》 もう～した[*1]	**Mereka**《ムレカ》 **sudah**《スゥダハ》 **tiba**《ティバ》. 彼らはもう到着しました。
belum《ブるゥム》 まだ～ない	**Sopir**《ソピル》 **saya**《サヤ》 **belum**《ブるゥム》 **kembali**《クムバり》. 私のドライバーはまだ戻っていません。
sedang《スダん》 ～している[*2]	**Dia**《ディア》 **sedang**《スダん》 **makan**《マカン》. 彼女は食事をしているところです。
masih《マスィヒ》 まだ～である	**Anak-anak**《アナックアナック》 **masih**《マスィヒ》 **tidur**《ティドゥウル》. 子供たちはまだ寝ています。
akan《アカン》 ～だろう	**Mereka**《ムレカ》 **akan**《アカン》 **datang**《ダタん》 **ke**《ク》 **sini**《スィニ》. 彼らはここへ来るでしょう。
baru《バルゥ》 ～したばかり	**Saya**《サヤ》 **baru**《バルゥ》 **bangun**《バングゥン》. 私は起きたばかりです。

*1　文語的用法で**telah**［トゥらハ］を使う。

*2　口語的用法で**lagi**［らギ］を使うこともある。

⑵ 経験の表現

「～したことがある」「まだ～したことがない」の表現は、**pernah**［プルナハ］「かつて」を使って表現します。

sudah pernah＋動詞「もう～したことがある」：経験したことがある

belum pernah＋動詞「まだ～したことがない」：まだ経験したことがない

tidak pernah＋動詞「まだ～したことがない」：まだ経験したことがないが、将来的にもしないであろう

belum pernahはその時点ではまだ経験したことがなくても、将来経験する可能性を含む意味を表し、**tidak pernah**はその時点でも、また将来的にも経験しないであろうことを意味します。

⑶「～前に」と「～後に」の表現

sebelum［スブるゥム］と**sesudah**［ススゥダハ］を使い、「～をする前に～する」「～した後で～する」の表現ができます。

Sebelum ＋動詞１，主語＋動詞２　　動詞１をする前に、主語は動詞２をする

↓　　↓

Sebelum tidur, kita menggosok gigi.　寝る前に、私たちは歯を磨きます。

Sesudah ＋動詞 1，主語＋動詞 2

動詞 1 をした後に、主語は動詞 2 をする

↓ ↓

Sesudah <u>mandi</u>, nenek <u>tidur siang</u>. 水浴びをした後に、祖母は昼寝をします。

(4) 頻度の表現

動詞と下の単語を合わせて、その動作を行う頻度を表現することができます。

kadang《カダん》**-kadang**《カダん》 時々	**Kadang**《カダん》**-kadang**《カダん》 **saya**《サヤ》 **menonton**《ムノントン》 **film**《フィるム》 **di**《ディ》 **bioskop**《ビオスコッㇷ゚》. 時々、私は映画館で映画を観ます。
sering《スりん》 度々	**Dia**《ディア》 **sering**《スりん》 **memasak**《ムマサッㇰ》 **masakan**《マサカン》 **Indonesia**《インドネスィア》. 彼女は度々インドネシア料理を作ります。
selalu《スらるぅ》 いつも	**Saya**《サヤ》 **selalu**《スらるぅ》 **membawa**《ムムバワ》 **payung**《パユぅん》. 私はいつも傘を持ち歩きます。
biasanya《ビアサニャ》 通常、普通は	**Biasanya**《ビアサニャ》 **ibu**《イブぅ》 **saya**《サヤ》 **tidak**《ティダッㇰ》 **minum**《ミヌぅム》 **kopi**《コピ》. 通常、私の母はコーヒーを飲みません。
jarang《ジャラん》 めったに〜しない	**Kue**《クぅエ》 **itu**《イトぅぅ》 **jarang**《ジャラん》 **ada**《アダ》 **di**《ディ》 **toko**《トコ》 **itu**《イトぅ》. そのお菓子はめったにその店にありません。
suka《スぅカ》 よく〜する	**Suami**《スぅアミ》 **saya**《サヤ》 **suka**《スぅカ》 **berjalan**《ブルジャらン》**-jalan**《ジャらン》 **ke**《ク》 **luar**《るぅアル》 **negeri**《ヌグリ》. 私の夫はよく海外へ旅行します。

Track 92

13 命令表現

(1) いわゆる命令表現

動詞一語だけで用いると「〜せよ！」という強い命令表現です。ただし、優しい口調で言えば、強い命令という印象は与えません。語尾に **-lah**［らㇵ］をつけると、丁寧な命令になります。

Duduk! 座りなさい。

Berdirilah! 立ちなさい。

(2) 相手に何かを依頼する表現

[**Tolong** ＋動詞] で「〜をしてください」という意味になります。[**Tolong** ＋動詞] のパターンでは、接頭辞 **me-** の動詞は **me-** を外します。

Tolong bungkus masakan ini. この料理を包んでください。

⑶ 相手に何かを要求する表現

Minta + 欲しいものや事柄 で、「～をください」という意味になります。**minta**の後ろには、普通名詞のほか、抽象名詞も置くことができます。

Minta kartu nama Anda.　　あなたの名刺をください。

⑷ 相手に何かを勧める表現

Silakan + 動詞 で、「どうぞ～をしてください」という意味になります。

Silakan beristirahat di sini.　　こちらで休憩してください。

tolongは、自分の益のために依頼する表現に対し、**silakan**は、相手のために勧める場合に使う表現です。

⑸ 相手にある行為を試みるよう勧める表現

Coba + 動詞 で、「～してごらんなさい」という意味になります。**coba**は、もともと「試す」という動詞です。**coba**に後続する**me-**動詞は、接頭辞**me-**を外します。

Coba periksa sekali lagi.　　もう一度調べてごらんなさい。

⑹ 自分と相手が一緒に何かをしようと誘う表現

Mari kita + 動詞 で、「さあ、～しましょう」という意味になります。**mari**は「いざ」「さあ」という意味で、会話では**kita**を省略することもあります。**mari**の代わりに**ayo**を使うこともあります。なお、**mari**には、「それではまた」という意味もあり、人との別れ際などに**Mari!**という使い方もできます。

Mari kita makan.　　さあ食べましょう。

Track 93

⑭ 禁止の表現

⑴ **Jangan**を使った表現：「～しないでください」

Jangan ...!の表現は、口頭で禁止事項を伝える場合によく使われます。**Jangan** + 禁止したいこと（動詞） で文を作ります。

Jangan lupa!　　忘れないでください。

⑵ **Dilarang**を使った表現：「禁～！」「～禁止！」

Dilarang ...!の表現は、掲示によって禁止事項を伝える場合に使われます。**Dilarang** + 禁止したいこと（動詞） で文を作ります。

Dilarang ambil foto di sini.　　ここでの写真撮影禁止。

Track 94

15　形容詞と比較表現

⑴ 同等の表現：「同じくらい〜だ」

同等の表現には２つの方法があります。

①**A se-** ＋形容詞＋ **B.**

　se- は「同じ」という意味があります。

②**A sama** ＋形容詞 **-nya** ＋ **dengan** ＋ **B.**

　sama は「同じ」という意味です。形容詞に **-nya** をつけると形容詞が名詞化します。

Ranjang ini semahal ranjang itu.

このベッドはあのベッドと同じくらい高いです。

Ranjang ini sama mahalnya dengan ranjang itu.

⑵ 比較の表現：「**A** は **B** より〜だ」「**A** は **B** よりはるかに〜だ」

２つのものを比べて片方が優位であると表現する場合、**A lebih** ＋形容詞＋ **daripada B** で表現します。比較する対象にあまりにも大きな差異がある場合は、**A jauh lebih** ＋形容詞＋ **daripada B** を使って表現します。

Koper saya lebih berat daripada kepor Anda.

私のスーツケースはあなたのスーツケースより重たいです。

Suasana restoran ini jauh lebih bagus daripada suasana rumah makan itu.

このレストランの雰囲気は、あの食堂の雰囲気よりはるかによいです。

⑶ 劣等の表現：「**A** は **B** と比べて、あまり〜ではない」

２つのものを比べて片方が劣っていると表現する場合、**A kurang** ＋形容詞＋ **dibandingkan dengan B** で表現します。**kurang** は「不足している」「足りない」、**dibandingkan dengan** は「〜と比べて」という意味です。

Model baju ini kurang bagus dibandingkan dengan model baju itu.

この服のデザインは、あの服のデザインと比べて、あまりよくありません。

⑷ 最上級の表現：「**A** は最も〜だ」

最上級の表現には２つの方法があります。

①**A paling** ＋形容詞。

　paling は「最も」という意味があり、形容詞の前に置いて使います。

②**A ter-**＋形容詞。

接頭辞**ter-**は、形容詞につけると、その形容詞は最上級の意味になります。

Sungai Kapuas paling panjang di Indonesia.

カプアス川はインドネシアでいちばん長いです。

Gunung yang tertinggi di Indonesia adalah gunung Jaya Wijaya.

インドネシアで最も高い山はジャヤ・ウィジャヤ山です。

Track 95

16 味と程度の表現

(1) 味

enak《エナッㇰ》 おいしい	**Masakan**《マサカン》 **Indonesia**《インドネスィア》 **enak**《エナッㇰ》 **sekali**《スカり》. インドネシア料理はとてもおいしいです。
manis《マニス》 甘い	**Masakan**《マサカン》 **Jawa**《ジャワ》 **manis**《マニス》. ジャワ料理は甘いです。
asin《アスィン》 塩辛い	**Ikan**《イカン》 **asin**《アスィン》 **ini**《イニ》 **sangat**《サんガッㇳ》 **asin**《アスィン》. この干し魚は非常に塩辛いです。
pedas《プダス》 辛い	**Cabai**《チャバイ》 **rawit**《ラウィッㇳ》 **ini**《イニ》 **amat**《アマッㇳ》 **pedas**《プダス》. この青唐辛子はきわめて辛いです。
asam《アサム》 酸っぱい	**Acar**《アチャル》 **mentimun**《ムンティムゥン》 **ini**《イニ》 **agak**《アガッㇰ》 **asam**《アサム》. このキュウリの酢漬けはやや酸っぱいです。
pahit《パヒッㇳ》 苦い	**Daun**《ダウゥン》 **pepaya**《プパヤ》 **pahit**《パヒッㇳ》. パパイヤの葉は苦いです。
sepat《スパッㇳ》 渋い	**Pisang**《ピサん》 **ini**《イニ》 **sepat**《スパッㇳ》 **karena**《カルナ》 **belum**《ブるッム》 **matang**《マタん》. このバナナはまだ熟していないので渋いです。
gurih《グゥリㇶ》 （旨みがきいていて） おいしい、香ばしい	**Ayam**《アヤム》 **goreng**《ゴレん》 **Nyonya**《ニョニャ》 **Suharti**《スゥハルティ》 **gurih**《グゥリㇶ》. ニョニャ・スハルティのアヤムゴレンはおいしいです。

(2) 程度の表現

程度の表現は、以下の単語を使って表現します。

sekali《スカり》 大変、とても	**Anak**《アナッㇰ》 **itu**《イトゥゥ》 **pintar**《ピンタル》 **sekali**《スカり》. その子供はとても賢いです。

sangat《サんガッㇳ》 非常に	**Gaji**《ガジ》 **saya**《サヤ》 **sangat**《サんガッㇳ》 **kecil**《クチる》. 私の給料は非常に少ないです。
amat《アマッㇳ》 きわめて	**Pengaruh**《プんがルゥㇷ》 **orang**《オラん》 **tua**《トゥゥア》 **amat**《アマッㇳ》 **besar**《ブサル》. 両親の影響はきわめて大きいです。
sedikit《スディキッㇳ》 少し	**Roti**《ロティ》 **itu**《イトゥゥ》 **sedikit**《スディキッㇳ》 **keras**《クラス》. そのパンは少し硬いです。
agak《アガッㇰ》 やや	**Celananya**《チュらナニャ》 **agak**《アガッㇰ》 **longgar**《ろんガル》. 彼のズボンは、ややぶかぶかです。
cukup《チュゥクゥㇷ゚》 かなり、十分に	**Kantong**《カントん》 **plastik**《プらスティッㇰ》 **ini**《イニ》 **cukup**《チュゥクゥッㇷ゚》 **kuat**《クウアッㇳ》. このビニール袋はかなり丈夫です。
kurang《クゥラん》 ... あまり～ではない	**Pagar**《パガル》 **kayu**《カユゥ》 **ini**《イニ》 **kurang**《クゥラん》 **kuat**《クゥアッㇳ》. この木の垣根はあまり丈夫ではありません。
tidak《ティダッㇰ》 **begitu**《ブギトゥゥ》 ... それほど～ではない	**Minuman**《ミヌゥマン》 **itu**《イトゥ》 **tidak**《ティダッㇰ》 **begitu**《ブギトゥゥ》 **enak**《エナッㇰ》. その飲み物はそれほどおいしくありません。
sama《サマ》 **sekali**《スカり》 **tidak**《ティダッㇰ》 ... まったく～ではない	**Air**《アイル》 **Aqua**《アクゥア》 **ini**《イニ》 **sama**《サマ》 **sekali**《スカり》 **tidak**《ティダッㇰ》 **dingin**《ディンギン》. この飲料水はまったく冷たくありません。
tidak《ティダッㇰ》 ... **sama**《サマ》 **sekali**《スカり》 まったく～ではない	**Susu**《スゥスゥ》 **segar**《スガル》 **ini**《イニ》 **tidak**《ティダッㇰ》 **enak**《エナッㇰ》 **sama**《サマ》 **sekali**《スカり》. このフレッシュミルクはまったくおいしくありません。
terlalu《トゥルらるゥ》 ... ～過ぎる	**Es**《エス》 **krim**《クリム》 **ini**《イニ》 **terlalu**《トゥルらるゥ》 **manis**《マニス》. このアイスクリームは甘過ぎます。

Track 96

17 ke- ＋語根＋ -an の派生語

(1) **ke- ＋自動詞＋ -an** による名詞

自動詞が名詞に変化します。語根の自動詞の意味から比較的容易に想像できる範囲で意味が変化します。

Bagi saya kehidupan di desa menyenangkan di hari tua.

私にとって老後の田舎暮らしは快適です。

⑵ **ke-**＋形容詞＋**-an** による名詞

形容詞が名詞に変化します。語根の形容詞の意味から比較的容易に想像できる範囲で意味が変化します。

Vilanya berada di ketinggian 1.000 meter di atas permukaan laut.

彼の別荘は海抜1000メートルの高さにあります。

⑶ **ke-**＋自動詞＋**-an**、**ke-**＋他動詞＋**-an**、**ke-**＋形容詞＋**-an**、**ke-**＋名詞＋**-an** による動詞

それぞれの語根の意味の結果、被害を被る動詞ができます。

Saya kehujanan di lapangan golf.　私はゴルフ場で雨に降られました。

⑷ **ke-**＋名詞＋**-an** による名詞（その１）

職務、階級などを表す名詞から、その職務を遂行する場所を表す名詞ができます。

Kedutaan Besar Jepang di Indonesia terletak di Jalan Thamrin No.24, Jakarta.

在インドネシア日本国大使館は、ジャカルタのタムリン通り24番にあります。

⑸ **ke-**＋名詞＋**-an** による名詞（その２）

語根の名詞と意味が大きく変わらない抽象名詞ができます。

Kekayaan kebudayaan yang terdapat di Indonesia tidak ada tandingannya.

インドネシアにある文化の豊かさは、それに匹敵するものがありません。

⑹ **ke-**＋形容詞＋**-an** による過度な状態の表現

「～過ぎる」という過度な状態の表現ができます。また、**terlalu**＋形容詞 に書き換えることができます。

Sepatu ini kekecilan.　この靴は小さ過ぎます。

⑺ **ke-**＋他動詞＋**-an** による特殊な例

他動詞が自動詞化する特殊な例です。

Gunung Agung tidak kelihatan dari Kintamani, tetapi kelihatan dari daerah Karangasem.

アグン山はキンタマニからは見えませんが、カランアサム地方から見えます。

Ledakan bom kedengaran dari sini.
爆弾の破裂音がここから聞こえました。
それぞれ**dapat dilihat**、**dapat didengar**と書き換えることもできます。

Track 97

18 pe- ＋語根の名詞

⑴ 接頭辞**pe-**は、人や物を表す名詞を作ります。語根が語根動詞、**me-**動詞、形容詞の場合、接頭辞**pe-**の形は接頭辞**me-**同様の条件で、つけようとする語根の先頭の文字により形を変えます（文法編　P.132参照）。

⑵ **pe-** ＋ **me-**動詞
me-動詞の意味の動作をする人を表します。
Pembantu saya sangat rajin.　私の家政婦はとても勤勉です。

⑶ **pe-** ＋ **me-**動詞
me-動詞の意味の動作を行うための道具名や手段を表します。
Obat penurun panas ini tidak mempan.　この解熱剤は効き目がありません。

pe-の後ろには、もともとが他動詞（**me-**動詞）以外に、自動詞や名詞を他動詞に変化させた場合の意味に由来して、接頭辞**pe-**により名詞になるものもあります。

⑷ **pe-** ＋形容詞／語根動詞
形容詞や動詞の意味する特徴をもつ人を表します。
Adik saya tidak lulus ujian karena pemalas.
私の弟は怠け者なので、試験に合格しませんでした。

⑸ **pe-** ＋ **ber-**動詞
ber-動詞の意味の動作をする人を表します。
Hati-hati, ada pejalan kaki di pinggir jalan.
気をつけて、路肩に歩行者がいます。

この場合、接頭辞の形はつけようとする語根の先頭の文字に影響されず、**pe-**をつけます。

(6) **pe-** ＋競技名
スポーツ選手を表す単語を表します。

Pebulu tangkis Indonesia cukup terkenal di dunia.
インドネシアのバドミントン選手は、世界でかなり知られています。

この場合も(5)と同様に、接頭辞の形はつけようとする語根の先頭の文字に影響されず、**pe-**をつけます。

Track 98

19 接尾辞 -an の名詞

(1) 動詞に接尾辞**-an**をつけると、派生語は動詞の意味する動作の結果を表す名詞になります。

Kami menggunakan sumbangan itu untuk perbaikan asrama mahasiswa.
私たちはその寄付を学生寮の修理に活用します。

(2) 形容詞に接尾辞**-an**をつけると、派生語は形容詞の意味する特徴をもつものや場所を表す名詞になります。

Bundaran itu selalu macet. あのロータリーはいつも渋滞しています。

(3) 名詞に接尾辞**-an**をつけると、派生語は名詞の意味する特徴をもつものや場所や人を表す名詞になります。

Atasannya sedang dinas ke Surabaya. 彼の上司はスラバヤに出張中です。

(4) 時に関する名詞に接尾辞**-an**をつけると、派生語は名詞の意味する時間的周期性、定期性を表す名詞になります。

Majalah mingguan ini sangat laris. この週刊誌はとても売れ行きがいいです。

(5) 位や単位を表す語に接尾辞**-an**をつけると、位や単位を基準として数量を限定しない複数を表します。

Puluhan siswa berkumpul di halaman sekolah.
数十人の生徒が校庭に集まっています。

(6) 名詞を2度繰り返して、語尾に接尾辞**-an**をつけると、その名詞の集合体や類目、似せて作ったものを表す名詞ができます。

Di pasar tradisional kita bisa membeli sayur-sayuran yang segar.
伝統的な市場で、私たちは新鮮な野菜を買えます。

Track 99

20 yangの用法

⑴ 名詞と形容詞をつなぐ用例

Ini versi baru. これは新しいバージョンです。

Ini versi yang baru.

上の２つの文はさほど違いがありません。単純に名詞と一語の形容詞からなる修飾関係の場合は、**yang**があってもなくても成り立つものですが、**yang**がある方がその後に続く形容詞が引き立つようなニュアンスがあります。

Dia mahasiswa yang rajin dan pintar. 彼は真面目で賢い学生です。

yangに後続する形容詞が２つ以上ある場合は、**yang**の前にある名詞に直接複数の形容詞を後続させることができません。名詞＋**yang**＋形容詞＋**dan**＋形容詞とし、**yang**を省略できません。

Ini universitas yang paling lama di Indonesia.
これはインドネシアでいちばん古い大学です。

yangに後続する形容詞に**paling**「いちばん、最も」のような修飾語が使われる場合も、名詞＋**yang**＋修飾語（**paling**, **sangat**など）＋形容詞となり、**yang**を省略できません。

⑵ 関係代名詞的用法

①２つの文章を１つの文章にまとめる用法（その１）

a）**Arloji itu buatan Swiss.** その腕時計はスイス製です。

b）**Arloji itu ada di atas meja tulis ayah.**
その腕時計は、父のライティングデスクの上にあります。

上の２つの文を１つの文にすると、

Arloji yang ada di atas meja tulis ayah saya itu adalah buatan Swiss.
その父のライティングデスクの上にある腕時計は、スイス製です。

この文は、**a**）に**b**）を入れたものです。なお、文中の**itu**は、そこまでがこの文章の主語であることを意味するマーカーですので、**Arloji itu yang ada di atas meja tulis ayah saya adalah buatan Swiss.**という語順にはできません。

②２つの文章を１つの文章にまとめる用法（その２）

a）**Soto ayam itu kurang panas.** このチキンスープはぬるかったです。

b）**Kita memesan soto ayam di *food court*.**
私たちはフードコートでチキンスープを注文しました。

上の２つの文を１つの文にすると、

Soto ayam yang kita pesan di *food court* itu kurang panas.

私たちがフードコートで注文したチキンスープはぬるかったです。

soto ayamは、**b**）の文章の目的語です。このように目的語が先行詞の場合、**yang**［ヤん］に後続する述語の部分は受動態の形式をとりますので、**Soto ayam yang kita memesan di *food court* itu kurang panas.**とはなりません。受動態については、第18課を参照してください。

⑶ 主語を強調する用法

a）**Saya mengajak Susi.**　　私はスシを誘いました。

b）**Saya yang mengajak Susi.**　　私がスシを誘いました。

b）のように**yang**を使うと、主語の**Saya**が強調されます。「私は」と「私が」の違いです。

⑷ 疑問詞と**yang**

a）**Siapa yang menelepon saya?**　　誰が私に電話をかけてきたのですか？

b）**Apa yang diambil oleh Tati?**　　何がタティに取られたのですか？

siapa「誰」、**siapa yang**「誰が」、**apa**「何」、**apa yang**「何が」の違いです。

⑸ 疑問詞の一部としての用法

Yang mana rumah Ibu Rahayu?　　どれがラハユさんのお宅ですか？

Yang mana teh Jawa?　　どれがジャワティーですか？

yang manaで「どれ」という疑問詞として使います。

⑹ 先行詞をとらない**yang**の用法

Yang beratap merah itu.　　あの赤い屋根のほうです。

Yang ini.　　こちらのです。

Yang saya cari adalah kain tenun Timor.

私が探しているのは、ティモールの絣の布です。

上の用例では**yang**は「～の」「～のほう」という意味です。話の流れから先行詞が何かわかる場合、先行詞を省略することがよくあります。

Kota《コタ》

市街地

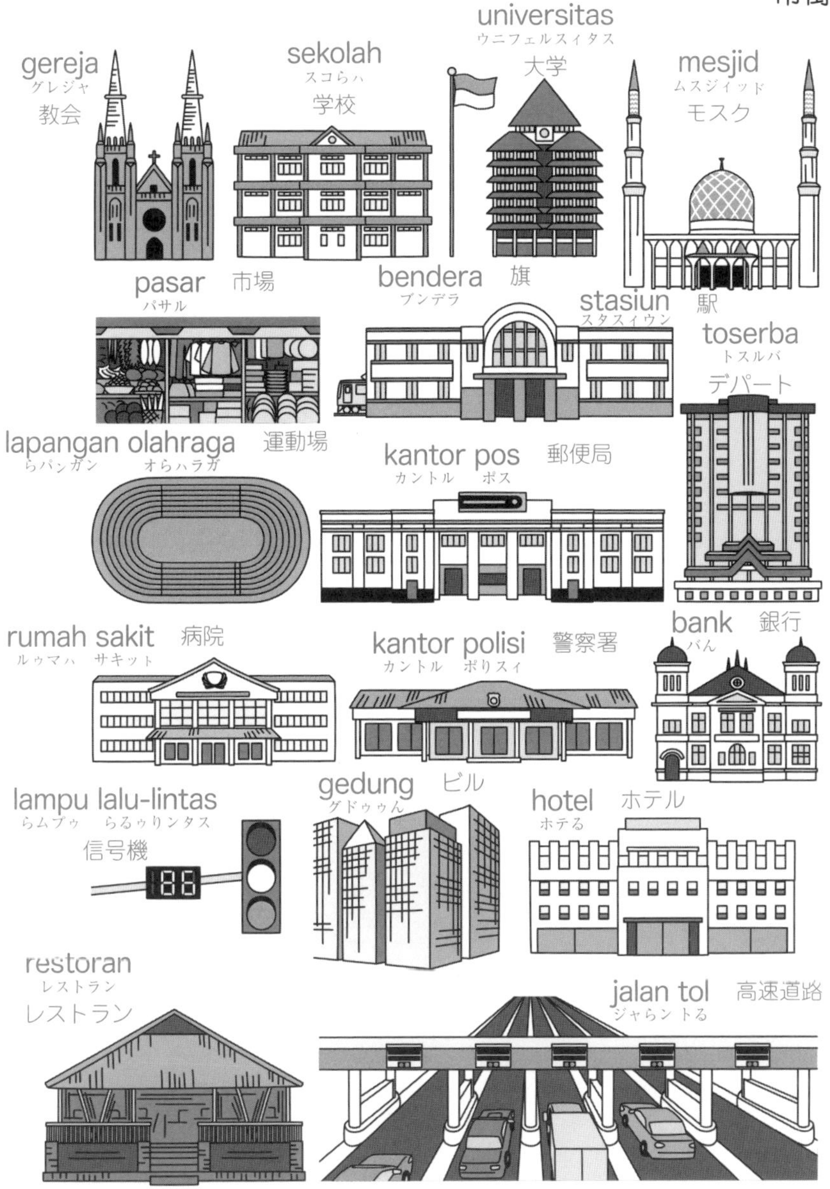
gereja《グレジャ》
教会
sekolah《スコらハ》
学校
universitas《ウニフェルスィタス》
大学
mesjid《ムスジィッド》
モスク
pasar《パサル》 市場
bendera《ブンデラ》 旗
stasiun《スタスィウン》 駅
toserba《トスルバ》
デパート
lapangan《らパンガン》 olahraga《オらハラガ》 運動場
kantor《カントル》 pos《ポス》 郵便局
rumah《ルゥマハ》 sakit《サキット》 病院
kantor《カントル》 polisi《ポりスィ》 警察署
bank《バん》 銀行
lampu《らムプゥ》 lalu-lintas《らるゥりンタス》
信号機
gedung《グドゥゥん》 ビル
hotel《ホテる》 ホテル
restoran《レストラン》
レストラン
jalan《ジャらン》 tol《トる》 高速道路

ヴィジュアルインドネシア語
—2—

Luar《るゥアル》 kota《コタ》

郊外

Kendaraan《クンダラアン》

乗り物

sepeda《スペダ》 motor《モトル》　オートバイ

sepeda《スペダ》　自転車

becak《ベチャック》
人力車

mobil《モビる》　自動車

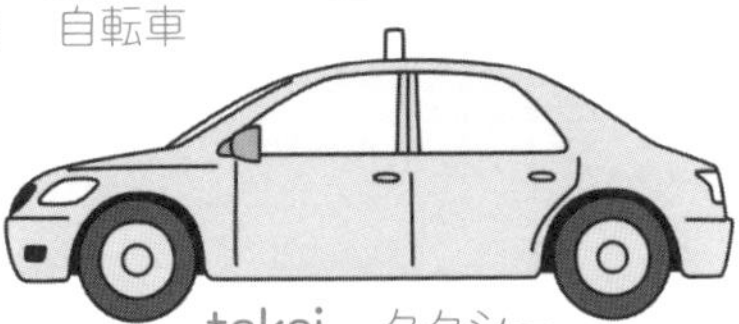

taksi《タクスィ》　タクシー

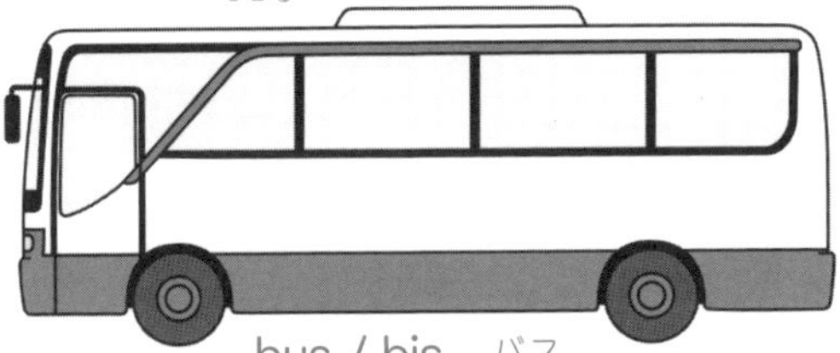

bus《ブゥス》 / bis《ビス》　バス

bajaj《バジャイ》　オート三輪

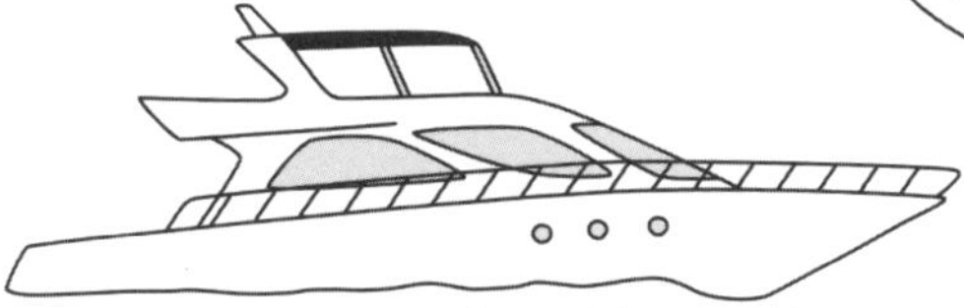

kapal《カパる》 laut《らウゥット》　船

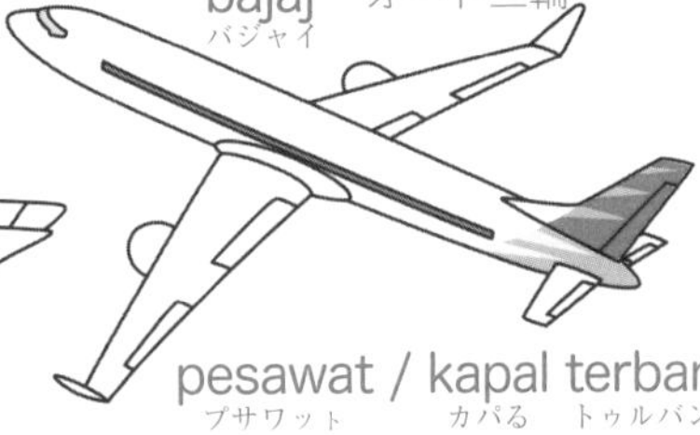

pesawat《プサワット》 / kapal《カパる》 terban《トゥルバン》
飛行機

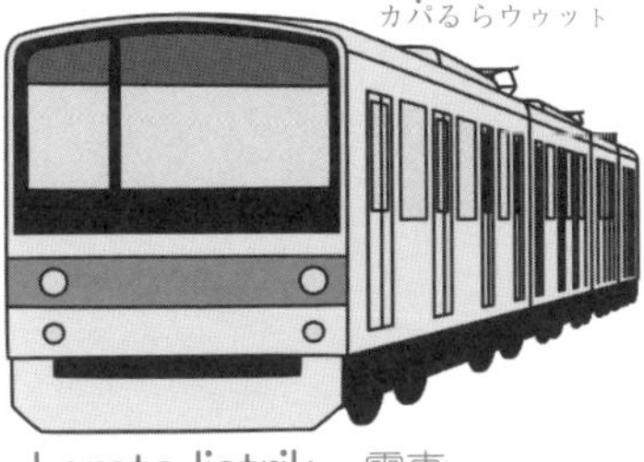

kereta《クレタ》 listrik《りストゥリック》　電車

dokar《ドカル》　馬車

ヴィジュアルインドネシア語
—4—

Kamar《カマル》

部屋

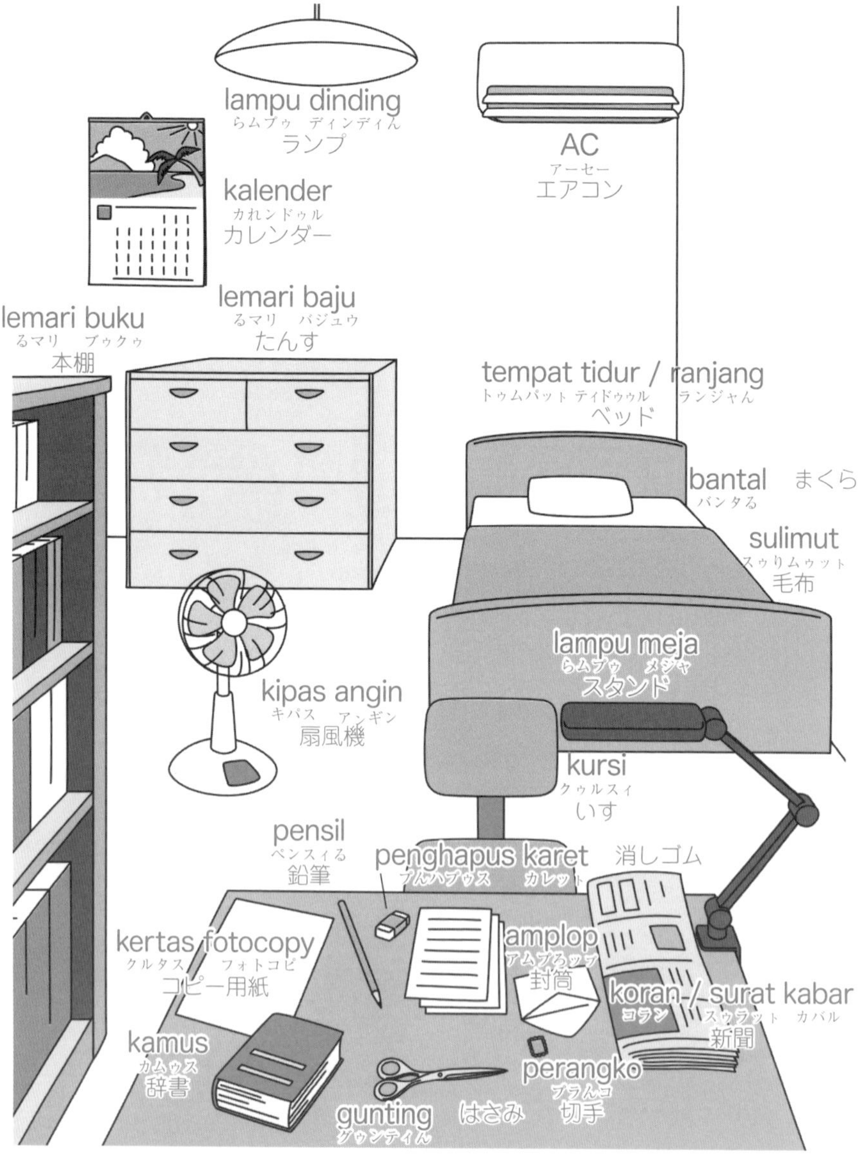

ヴィジュアル
インドネシア語
—5—

Wastafel《ワスタフる》/Kamar《カマル》 mandi《マンディ》

洗面台/風呂場

ヴィジュアル
インドネシア語
—6—

Dapur《ダプゥル》

台所

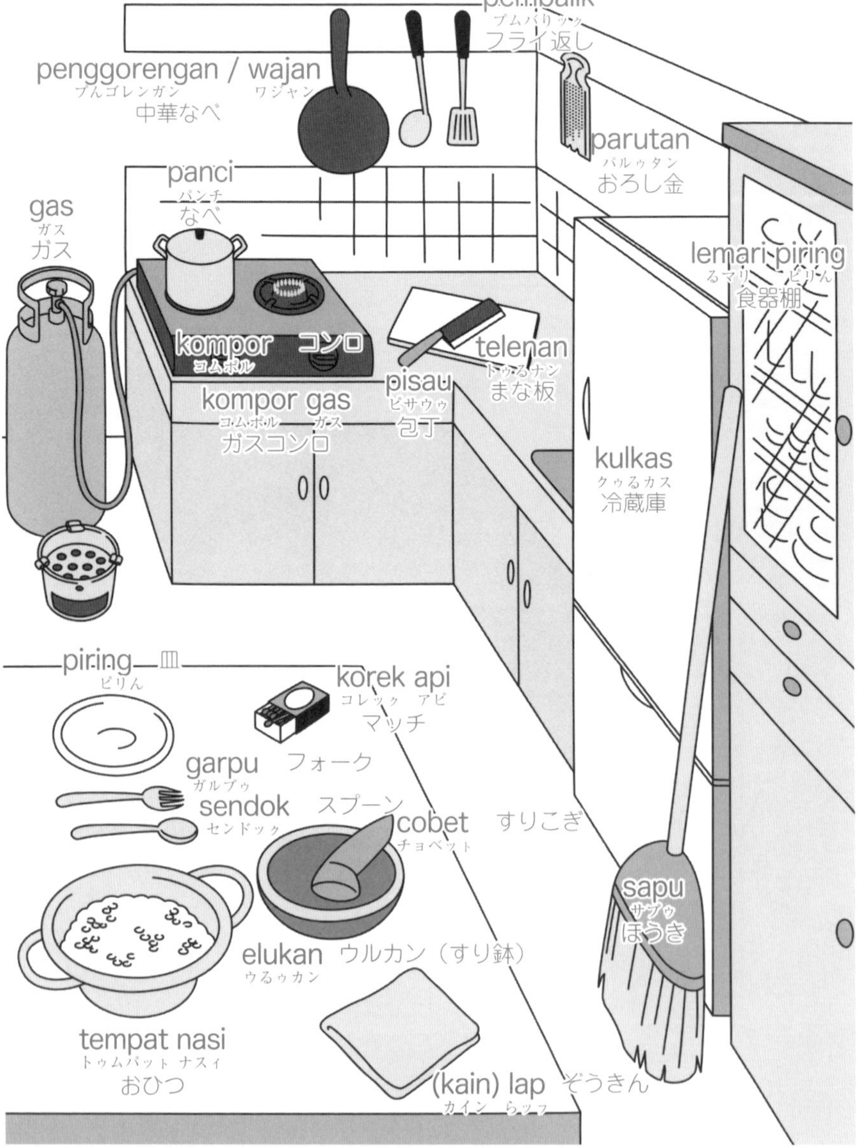

ヴィジュアルインドネシア語
—7—

Makanan《マカナン》

食べ物

ヴィジュアル
インドネシア語
—8—

Pekerjaan《プクルジャアン》

職業

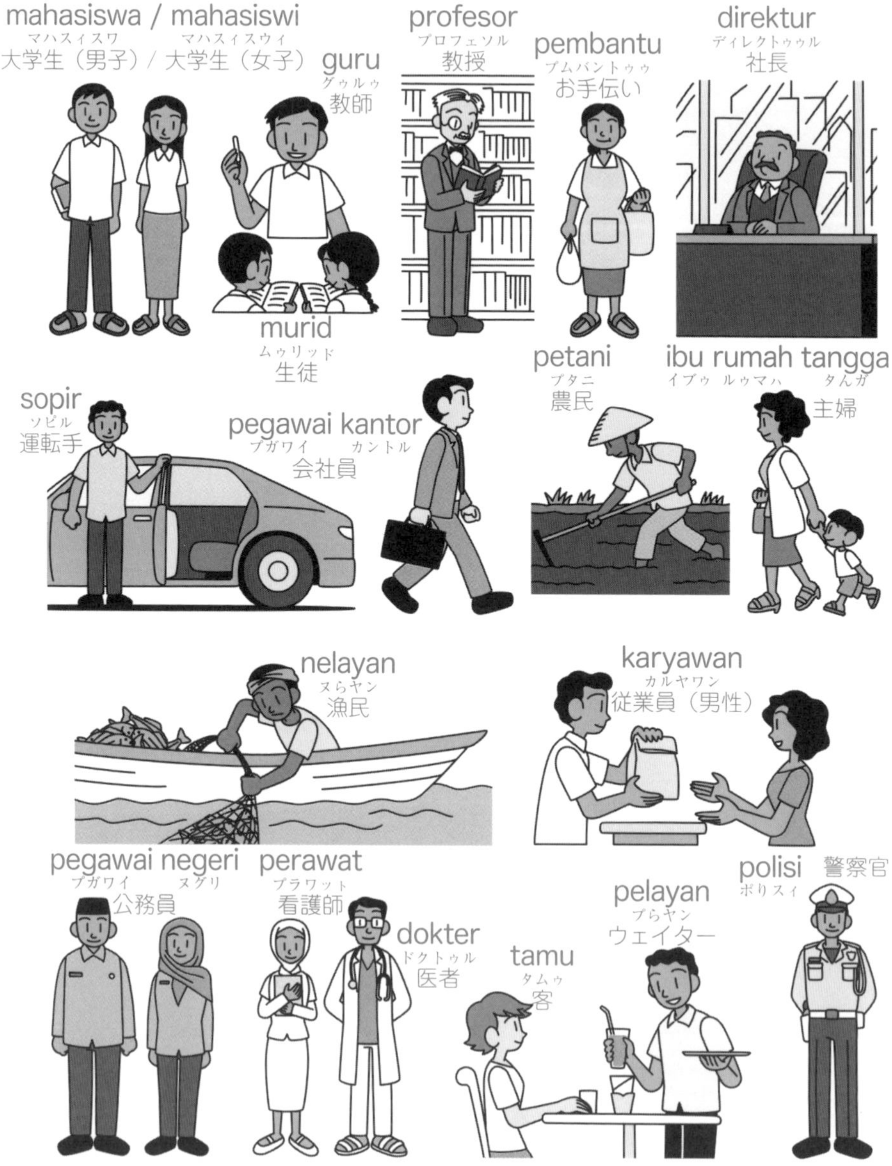

ヴィジュアル
インドネシア語
—9—

Keluarga《クるゥアルガ》

家族

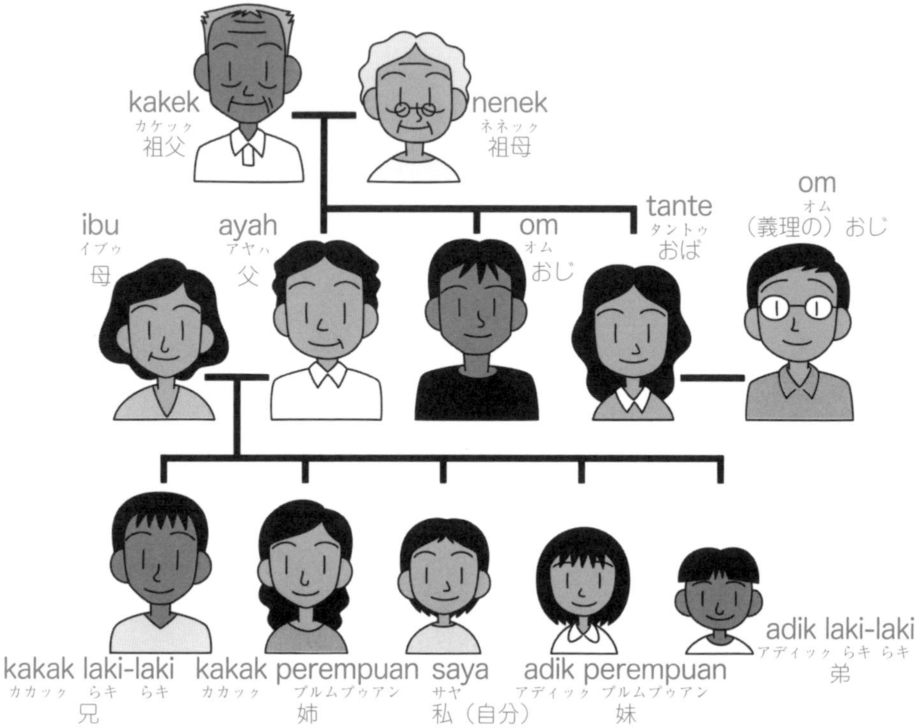

ヴィジュアル
インドネシア語
—10—

Badan《バダン》

身体

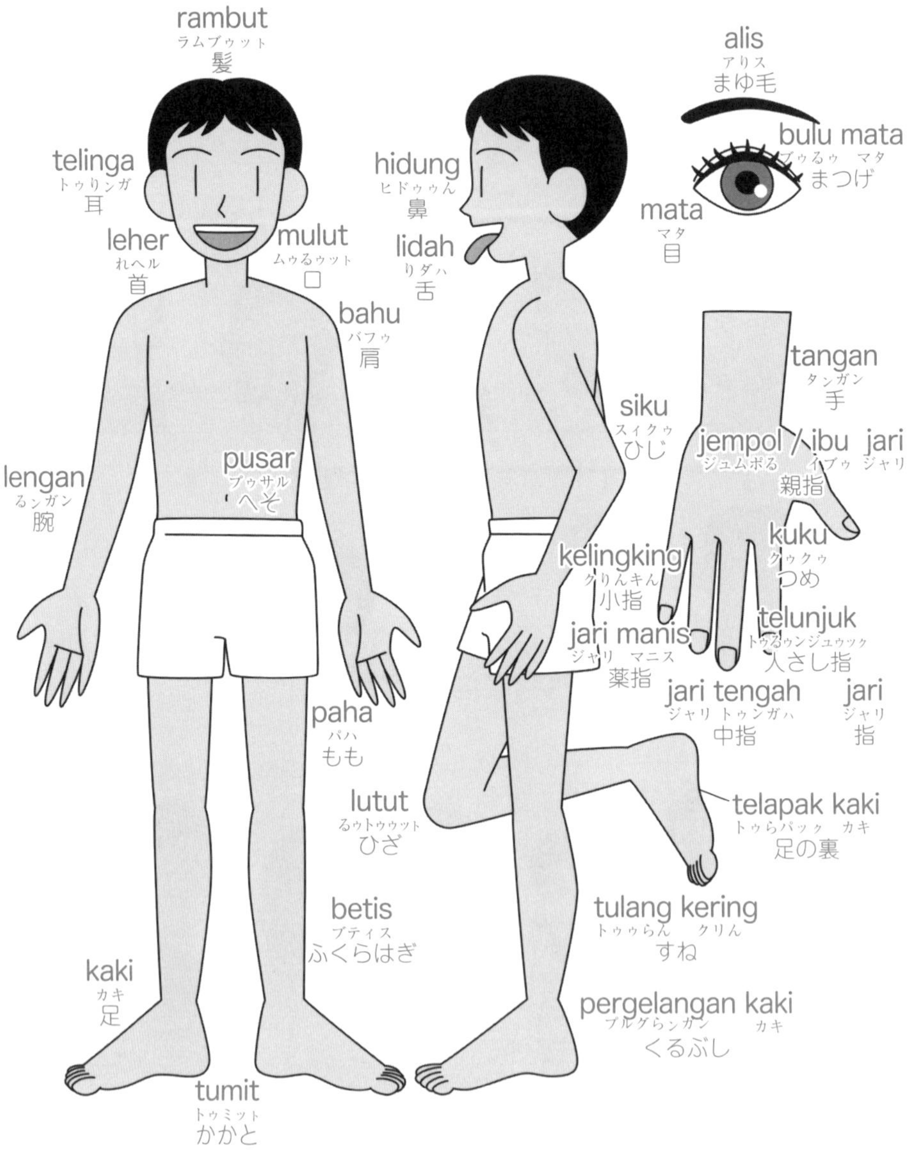

ヴィジュアル
インドネシア語
—11—

Wajah《ワジャハ》/Model《モデる》 rambut《ラムブゥット》

顔/髪型

ヴィジュアル
インドネシア語
—12—

Pakaian《パカイアン》

衣服

分野別単語

曜日・月

日曜日	hari Minggu《ハリ　ミんグゥ》
月曜日	hari Senin《ハリ　スニン》
火曜日	hari Selasa《ハリ　スらサ》
水曜日	hari Rabu《ハリ　ラブゥ》
木曜日	hari Kamis《ハリ　カミス》
金曜日	hari Jumat《ハリ　ジュゥマッㇳ》
土曜日	hari Sabtu《ハリ　サブトゥ》
1月	bulan Januari《ブゥらン　ジャヌゥアリ》
2月	bulan Februari《ブゥらン　フェブルゥアリ》
3月	bulan Maret《ブゥらン　マルッㇳ》
4月	bulan April《ブゥらン　アプリる》
5月	bulan Mei《ブゥらン　メイ》
6月	bulan Juni《ブゥらン　ジュゥニ》
7月	bulan Juli《ブゥらン　ジュゥり》
8月	bulan Agustus《ブゥらン　アグゥストゥゥス》
9月	bulan September《ブゥらン　セプテムブル》
10月	bulan Oktober《ブゥらン　オクトブル》
11月	bulan November《ブゥらン　ノフェムブル》
12月	bulan Desember《ブゥらン　デセムブル》

天候・天気

雨	hujan《フゥジャン》
曇り	mendung《ムンドゥゥん》
晴れ	cerah《チュラㇵ》
暑い	panas《パナス》
寒い	dingin《ディんギン》
乾季	musim kemarau《ムゥスィム　クマラウゥ》
雨季	musim hujan《ムゥスィム　フゥジャン》

家族

父	bapak / ayah《ババッㇰ　/ アヤㇵ》
母	ibu《イブゥ》
夫	suami《スゥアミ》
妻	isteri《イストゥリ》
祖父	kakek《カケッㇰ》
祖母	nenek《ネネッㇰ》
子供	anak《アナッㇰ》
兄弟	saudara《サウゥダラ》
兄	kakak laki-laki《カカッㇰ　らキらキ》
弟	adik laki-laki《アディッㇰ　らキらキ》
姉	kakak perempuan《カカッㇰ　プルムプゥアン》
妹	adik perempuan《アディッㇰ　プルムプゥアン》
家族	keluarga《クるゥアルガ》
親戚	famili《ファミり》
いとこ	saudara sepupu《サウゥダラ　スプゥプゥ》
甥 / 姪	keponakan《クポナカン》
友人	teman / kawan《トゥマン　/ カワン》
恋人	pacar《パチャル》

国名

日本	Jepang《ジュパん》
韓国	Korea《コレア》 Selatan《スらタン》
北朝鮮	Korea《コレア》 Utara《ウゥタラ》
中国	Tiongkok《ティオんコック》 / China《チャイナ》
中華民国（台湾）	Republik《レプゥブりック》 China《チャイナ》 (Taiwan)《(タイワン)》
フィリピン	Filipina《フィりピナ》
パラオ	Palau《パらウゥ》
ベトナム	Vietnam《フィエットナム》
ラオス	Laos《らオス》
カンボジア	Kamboja《カンボジャ》
タイ	Thailan《タイらン》
ミャンマー	Myanmar《ミャンマル》
バングラデシュ	Bangladesh《バんらデシュ》
インド	India《インディア》
マレーシア	Malaysia《マらイスィア》
シンガポール	Singapura《スィんガプゥラ》
ブルネイ	Brunei《ブルゥネイ》 Darussalam《ダルゥサらム》
インドネシア	Indonesia《インドネスィア》
東ティモール	Timor《ティモル》 Leste《れステ》
パプア・ニューギニア	Papua《パプゥア》 Nugini《ヌゥギニ》
オーストラリア	Australia《アウゥストゥラりア》
アメリカ	Amerika《アメリカ》
オランダ	Belanda《ブらンダ》
ドイツ	Jerman《ジェルマン》
ヨーロッパ	Eropa《エロパ》
東南アジア	Asia《アスィア》 Tenggara《トゥんガラ》
ASEAN（東南アジア諸国連合）	ASEAN《アセアン》

ホテル

アイロン	seterika《ストゥリカ》
ドライヤー	pengering《プングリん》 rambut《ラムブゥット》
テレビ	televisi《テれフィスィ》
電話	telepon《テれポン》
エアコン	AC《アーセー》
扇風機	kipas《キパス》 angin《アンギン》
金庫	kas《カス》
冷蔵庫	kulkas《クゥるカス》
窓	jendela《ジュンデら》
シャワー	syawar《シャワル》
鏡	cermin《チュルミン》
タオル	handuk《ハンドゥウック》
鍵	kunci《クゥンチ》
トイレ	WC《ウェーセー》
浴室	kamar《カマル》 mandi《マンディ》
ホテル	hotel《ホテる》
民宿	losmen《ろスメン》

お金

お金	uang《ウアん》
紙幣	uang《ウアん》 kertas《クルタス》
硬貨	uang《ウアん》 logam《ろガム》

ルピア	rupiah《ルゥピアㇵ》
ドル	dolar《ドらル》
円	yen《イェン》
現金	uang《ウアん》 tunai《トゥナイ》
両替	*money*《マニー》 *changer*《チェンジェル》
為替レート	kurs《クゥルス》
クレジットカード	kartu《カルトゥゥ》 kredit《クレディッㇳ》

持ち物

貴重品	barang《バらん》 bernilai《ブルニらイ》 / barang《バらん》 berharga《ブルハルガ》
財布	dompet《ドムペッㇳ》
パスポート	paspor《パスポル》
保険	asuransi《アスゥランスィ》
ビザ	visa《フィサ》
航空券	tiket《ティケッㇳ》 pesawat《プサワッㇳ》
身分証明書	KTP《カーテーペー》
運転免許証	SIM《スィム》
デジタルカメラ	kamera《カメラ》 digital《ディジタる》
眼鏡	kacamata《カチャマタ》
ハンカチ	sapu《サプゥ》 tangan《タンガン》
ティッシュ	tisu《ティスゥ》
ウエットティッシュ	tisu《ティスゥ》 basah《バサㇵ》
セーター	sweater《スウエットゥル》
サングラス	kacamata《カチャマタ》 hitam《ヒタム》
帽子	topi《トピ》
レインコート、かっぱ	baju《バジュゥ》 hujan《フゥジャン》
傘	payung《パユゥん》

食事

ワイン	anggur《アんグゥル》
ビール	bir《ビル》
ジュース	jus《ジュゥス》
ミネラル・ウォーター	aqua《アクゥア》
コーヒー	kopi《コピ》
お茶、紅茶	teh《テヘ》
お湯	air《アイル》 panas《パナス》
白飯	nasi《ナスィ》 putih《プゥティㇶ》
麺	mie《ミ》
オムレツ	telur《トゥるゥル》 dadar《ダダル》
ゆで卵	telur《トゥるゥル》 rebus《ルブゥス》
目玉焼き	telur《トゥるゥル》 mata《マタ》 sapi《サピ》
おかず	lauk-pauk《らウゥッㇰ パウゥッㇰ》
スープ	sop《ソプ》 / sup《スゥプ》
魚	ikan《イカン》
肉	daging《ダギん》
鶏肉	daging《ダギん》 ayam《アヤム》
牛肉	daging《ダギん》 sapi《サピ》
豚肉	daging《ダギん》 babi《バビ》
ヤギ肉	daging《ダギん》 kambing《カムビん》
野菜	sayur《サユゥル》
果物	buah-buahan《ブゥアㇵ ブゥアハン》

バナナ	pisang《ピサん》
パパイヤ	pepaya《プパヤ》
パッションフルーツ	markisa《マルキサ》
ココナッツ	kelapa《クらパ》
砂糖	gula《グゥら》
塩	garam《ガラム》
コショウ	lada《らダ》
サンバル（チリソース）	sambal《サムバる》
スプーン	sendok《センドック》
フォーク	garpu《ガルプゥ》
箸	sumpit《スゥムピット》
コップ	gelas《グらス》
コーヒーカップ	cangkir《チャんキル》
皿	piring《ピりん》
おわん	mangkok《マんコック》

観光

遺跡	peninggalan《プニんガらン》 kuno《クゥノ》
記念碑	monumen《モヌゥメン》
宮殿	istana《イスタナ》
モスク	mesjid《ムスジィッド》
教会	gereja《グレジャ》
公園・庭園	taman《タマン》
寺院	kuil《クゥイる》
動物園	kebun《クブゥン》 binatang《ビナタん》
博物館	museum《ムゥセウム》

タクシー	taksi《タクスィ》
列車	kereta《クレタ》 api《アピ》
自動車	mobil《モビる》
オートバイ	sepeda《スペダ》 motor《モトル》

標識・看板

入口	pintu《ピントゥゥ》 masuk《マスゥック》
出口	pintu《ピントゥゥ》 keluar《クるゥアル》
危険	Awas《アワス》!
禁煙	Dilarang《ディらラん》 merokok《ムロコック》!
撮影禁止	Dilarang《ディらラん》 ambil《アムビる》 foto《フォト》!
立ち入り禁止	Dilarang《ディらラん》 masuk《マスゥック》!
ゴミ捨て禁止	Dilarang《ディらラん》 buang《ブゥアん》 sampah《サムパハ》!
駐車禁止	Dilarang《ディらラん》 parkir《パルキル》!
注意	Perhatian《プルハティアン》!

ショッピング

営業中	Buka《ブゥカ》
準備中、閉店	Tutup《トゥゥトゥゥップ》
書店	toko《トコ》 buku《ブゥクゥ》
スーパー	pasar《パサル》 swalayan《スワらヤン》
デパート	toserba《トスルバ》
売店	kios《キオス》
薬局	apotek《アポテック》
お土産	oleh-oleh《オれへ オれへ》
扇子	kipas《キパス》

ジャケット	jas《ジャス》
ワイシャツ、襟付きのシャツ	kemeja《クメジャ》
ブラウス	blus《ブるゥス》
スカート	rok《ロック》
ネクタイ	dasi《ダスィ》
靴下	kaus《カウゥス》 kaki《カキ》
ズボン	celana《チュらナ》
パジャマ	baju《バジュゥ》 tidur《ティドゥゥル》
鞄	tas《タス》
指輪	cincin《チンチン》
ネックレス	kalung《カるゥん》
イヤリング、ピアス	anting《アンティん》-anting《アンティん》
ブローチ	bros《ブロス》
香水	minyak《ミニャック》 wangi《ワンギ》
口紅	lipstik《りップスティック》
マニキュア	kuteks《クゥテックス》
民芸品	kerajinan《クラジナン》
靴	sepatu《スパトゥゥ》
たばこ	rokok《ロコック》
絵はがき	kartu《カルトゥゥ》 pos《ポス》
洗濯用洗剤	sabun《ザブゥン》 cuci《チュゥチ》 baju《バジュゥ》 / detergen《ドゥトゥルジェン》
食器用洗剤	sabun《サブゥン》 cuci《チュゥチ》 piring《ピりん》
シャンプー	sampo《サムポ》
せっけん	sabun《サブゥン》
歯ブラシ	sikat《スィカット》 gigi《ギギ》
歯磨き粉	pasta《パスタ》 / odol《オドる》
生理用ナプキン	pembalut《プムバるゥット》 wanita《ワニタ》
トイレットペーパー	tisu《ティスゥ》 WC《ウェーセー》
ほうき	sapu《サプゥ》

サイズ・色

大きい	besar《ブサル》
小さい	kecil《クチる》
長い	panjang《パンジャん》
短い	pendek《ペンデック》
白、白い	putih《プゥティヒ》
黒、黒い	hitam《ヒタム》
赤、赤い	merah《メラハ》
青、青い	biru《ビルゥ》
黄色、黄色の	kuning《クゥニん》
緑、緑色の	hijau《ヒジャウゥ》
オレンジ色、オレンジ色の	oranye《オラニュ》
紫、紫の	ungu《ウゥんグゥ》
桃色、桃色の	merah《メラハ》 muda《ムゥダ》
紺、紺の	biru《ビルゥ》 tua《トゥア》
水色、水色の	biru《ビルゥ》 muda《ムゥダ》
灰色、灰色の	abu《アブゥ》-abu《アブゥ》
茶色、茶色の	cokelat《チョクらット》

郵便・電話

あて名	nama《ナマ》 penerima《プヌリマ》

住所	alamat《アらマット》
切手	perangko《プらんコ》
書類	dokumen《ドクゥメン》 / surat《スゥラット》
はがき	kartu《カルトゥゥ》 pos《ポス》
便せん	kertas《クルタス》 surat《スゥラット》
封筒	amplop《アムプろップ》
ポスト	kotak《コタック》 pos《ポス》
郵便局	kantor《カントル》 pos《ポス》
航空便	pos《ポス》 udara《ウゥダラ》
船便	pos《ポス》 laut《らウゥット》
小包	paket《パケット》
国際電話	telepon《テれポン》 internasional《イントゥルナスィオナる》
携帯電話	HP《ハーペー》
充電器	*charger*《チャルジャル》
アプリ	aplikasi《アプりカスィ》 perangkat《プらんカット》
	lunak《るゥナック》
動画	video《フィデオ》
ゲーム	permainan《プルマイナン》 komputer《コムプゥトゥル》 /
	game《ゲーム》
SMS	SMS《エスエムエス》
SNS	SNS《エスエヌエス》 /
	layanan《らヤナン》 jejaring《ジュジャりん》 sosial《ソスィアる》

コンピュータ

コンピュータ	komputer《コムプゥトゥル》
ディスプレイ	monitor《モニトル》 komputer《コムプゥトゥル》
キーボード	keyboard《キーボルド》
Eメール	E-mail《イーメイる》
WiFi(ワイファイ)	WIFI《ワイファイ》
ルーター	*router*《ルトゥル》
マウス	*mous*《マウス》
プラグ変換器	adaptor《アダプトル》 /
	adaptor《アダプトル》 colokan《チョろカン》
バッテリー	baterai《バトゥライ》
USB	USB《ユエスビ》
ケーブル	kabel《カブる》
電圧	tegangan《トゥガンガン》 listrik《りストゥリック》

薬

薬	obat《オバット》
抗生剤	antibiotik《アンティビオティック》
注射	suntik《スゥンティック》
点滴	infus《インフゥス》
予防接種	imunisasi《イムゥニサスィ》
ばんそうこう	plester《プれステル》
包帯	perban《プルバン》
目薬	obat《オバット》 tetes《テテス》 mata《マタ》
虫除けスプレー	obat《オバット》 nyamuk《ニャムゥック》 spray《スプレイ》
日焼け止め	*sunblock*《サンブロック》

身体部位

足	kaki《カキ》
頭	kepala《クパら》

腕	lengan《るンガン》
顔	muka《ムゥカ》
肩	bahu《バフゥ》
関節	persendian《プルスンディアン》
口	mulut《ムゥるゥット》
血液	darah《ダラハ》
腰	pinggang《ピんガん》
尻	pantat《パンタット》
背中	belakang《ブらカん》
手	tangan《タンガン》
喉	kerongkongan《クロんコンガン》
歯	gigi《ギギ》
鼻	hidung《ヒドゥゥん》
腹	perut《プルゥット》
耳	telinga《トゥりンガ》
胸	dada《ダダ》
目	mata《マタ》
指	jari《ジャリ》
首	leher《れヘル》

症状

風邪、インフルエンザ	influenza《インフるゥエンサ》
熱	demam《ドゥマム》
肝炎	hepatitis《ヘパティティス》
下痢	diare《ディアレ》
骨折	patah tulang《パタハ　トゥゥらん》
食中毒	keracunan《クラチュゥナン》
咳	batuk《バトゥゥック》
打撲	luka dalam《るゥカ　ダらム》
ねんざ	keseleo《クスれオ》
けが	luka《るゥカ》
やけど	luka bakar《るゥカ　バカル》
貧血	anemia《アネミア》
がん	kanker《カンクゥル》
血圧	tekanan darah《トゥカナン　ダラハ》
月経	mens《メンス》
妊娠	hamil《ハミる》
便	air besar《アイル　ブサル》
尿	air kecil《アイル　クチる》

緊急

救急車	ambulan《アムブゥらン》
医者	dokter《ドクトゥル》
病院	rumah sakit《ルゥマハ　サキット》
外科医	dokter bagian bedah《ドクトゥル　バギアン　ブダハ》
内科医	dokter bagian penyakit《ドクトゥル　バギアン　プニャキット》 dalam《ダらム》
産婦人科医	dokter kandungan《ドクトゥル　カンドゥゥンガン》
耳鼻科医	dokter THT《ドクトゥル　テーハーテー》
歯科医	dokter gigi《ドクトゥル　ギギ》
眼科医	dokter mata《ドクトゥル　マタ》
血液型	golongan darah《ゴろンガン　ダラハ》

著者略歴

ホラス由美子（HORAS ゆみこ）

東京学芸大学大学院修了。現在、東京農業大学非常勤講師。アジア語教室のadiluhung でｅラーニングレッスンに取り組む。弁護士会等の司法通訳、その他、各種翻訳・通訳。また、インドネシアの山村漁村地域の中高生を対象とした“BEASISWA PELANGI”（虹の奨学金）を主宰。バリ島の児童養護施設の子供たちへの支援を行っている。

主な著書

『インドネシア語レッスン　初級１、初級２、中級』（スリーエーネットワーク）

『ゼロから始めるインドネシア語』（三修社）

『インドネシア語ビジネス会話フレーズ辞典』（三修社）

新装版《しんそうばん》

ゼロから話《はな》せるインドネシア語《ご》

2024 年 4 月 20 日　第 1 刷発行

著　者　ホラス由美子

発行者　前田俊秀

発行所　株式会社三修社

〒150-0001　東京都渋谷区神宮前 2-2-22
TEL 03-3405-4511　FAX 03-3405-4522
振替 00190-9-72758
https://www.sanshusha.co.jp
編集担当　菊池　暁

印刷製本　倉敷印刷株式会社

ISBN978-4-384-06094-2 C0087

音声制作　株式会社メディアスタイリスト
カバーデザイン　山内宏一郎（SAIWAI design）
本文イラスト　キモトケンジ

本書は『CD 付 ゼロから話せるインドネシア語 改訂版』（2017 年 4 月刊行）の新装版です。